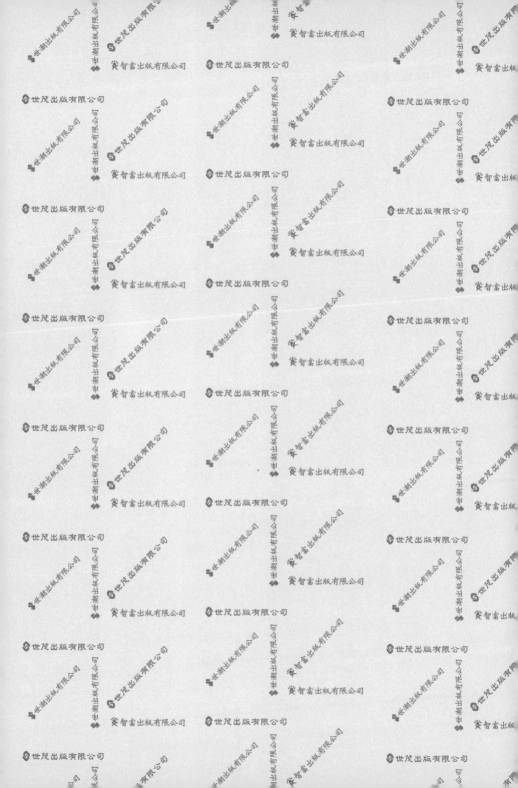

魔法の子育てカウンセリング

孩子是媽媽最初的老師

阿部秀雄——著　卓惠娟——譯
親職教育專家 李偉文——誠摯推薦

前言——只花五分鐘的諮商

一位來諮商的母親向我傾吐如下的苦惱。

「只要兩歲的女兒一哭，我就會因為極度厭煩而忍不住動怒。為了減少這種狀況的發生，我都會把自己關在房間裡，避免和哭泣的孩子共處一室。」

但是這麼一來，孩子在其他房間因孤單而哭泣哀求時，她卻因為聽不到聲音，所以無法即時撫慰。為了避免因管教而讓孩子哭泣，她只好對孩子的不當行為視若無睹。雖然曉得這樣不是辦法，但是又不知道該怎麼辦才好。

束手無策的她看來彷彿已流盡了淚水。

其實這位媽媽的母親在她兩歲時就去世了。

「雖然老公對我很體貼，可是，我真的好孤單、好寂寞……」說到這裡，她的眼眶突然噙滿了淚水，眼看就要奪眶而出。

「所以我忍不住想，自己在教養孩子時一定欠缺了什麼重要的東西。」

「不管是妳或妳的孩子，這個『重要的東西』，一定非常要緊是吧？可是與其哀嘆欠缺了什麼，不如設法填補妳以及孩子所欠缺的部分，使其滿盈。而我就有個兩全其美的辦法。」

「兩全其美？」

「請妳拜託女兒說：『請妳代替媽媽，將媽媽兩歲以後無法撒嬌的部分，更加倍地向我撒嬌、哭泣』。」我說。

聽了我的話後，她似乎同意了這個說法，臉龐在剎那間泛出光彩。

這時，她手上抱著的女兒正以非常惹人憐愛的姿態哭了起來。

我想她的心情一定也很難受，但她仍緊緊地抱住女兒，流下溫暖而喜悅的淚水。

這是這位母親的成人心茁壯成為父母心的一刻，這諮商只花了短短五分鐘就完成了。

成人心的父母心？

那是什麼？

好，接下來就讓我來告訴各位吧！

目錄

前言——只花五分鐘的諮商……2
輕鬆一下　育兒諮商漫畫01～08……9

第一章　幸福是搭上心靈的巴士

一路開往幸福的育兒村……18
每對親子都有各自前進的道路……23
取得心靈巴士的駕照……30
對自己的「情緒」保持微笑……32
究竟是誰該展露笑容……37
成人心的養成……41
將負面的情緒轉為正面……45

第二章　對孩子常保笑容的效果

照亮孩子的太陽……52
才剛要笑，臉卻僵住了……55
在母親的笑容下，孩子就能學會如何撒嬌……59
《駱駝駱駝不要哭》——一旦流淚，心病就好了……62
打孩子的手不要立刻離開孩子……66
緊緊抱住小玩偶……72
解放無意識中束縛自己的力量……74

第三章　心情整理學

孩子的領域、大人的領域……78
夫妻爭吵時也要以成人心去面對……84

媽媽的父母也有「童心」……87
喜歡？還是討厭自己？……95

第四章　父母很大，孩子很小

無法完全成熟的我們……104
撒嬌互動的樂趣……109
媽媽是很強的……112
該往哪個方向走呢？教養的岔路……115
不要輕易對孩子伸出援手……120

第五章　育兒，符合現實最好

哺育母乳是理想還是現實？……126

「對不起」還是「謝謝你」？……131
專心育兒還是工作？……133
育兒不需照書養……140
被育兒的潛在「理想」給束縛住……144

第六章 成人心的父母心

「親」字的意義……148
挺直腰桿，培育成人心……156
我才不想建立成人心……159
失敗了不要自責，只要重新來過就好……161
孩子也是禪宗公案……165
結語——如何培育父母心……173

宣告我的憤怒

取材自威廉・布雷克*的詩集

*註：威廉・布雷克（William Blake）1757-1827 年。英國詩人、畫家，浪漫主義文學代表人物之一。

第三反抗期

我是鑰匙兒童，小時候一直很孤單
事到如今又能怎樣呢？
即使長大了，對父母的不滿仍使我感到心痛
人們稱之為第三反抗期，想跨越的話……
首先在父母背後，盡情發洩所有的不滿
渴望更受寵愛
渴望妳能聽我傾訴
不要老是讓孩子擔心……
然後，對於只能這麼養育自己的父母，向他們肩負的命運重擔表達敬意
命運的重擔
辛苦了
永遠都要健健康康的喔！
謝謝！
這麼一來，對父母的溫柔情感自然會滿盈

母子分離

附近的媽媽都誤會我
唉呀
就算說了她們也不了解
很難過吧？
心情消沈也不想做家事……
沒錯沒錯
對了，我女兒想去學游泳
很好很好
不過游泳教室是親子分開的，不要緊吧！
都3歲了，不要緊吧！更重要的是……
正因為心情消沈，才更需要和孩子分開
欸～為什麼？
就算看得到人也看不到心啊
原來如此
來玩吧
我最喜歡媽媽了
煩惱
煩惱請擱在旁邊

媽媽很強喔

哼~!
爆筋
耶~我踢!
被整了老半天的媽媽終於抓狂了
轟轟轟
媽媽是很強的喔
咦~
搔你癢
嗚~嗚~咽~
好乖
媽媽好強
其實，當妻子時也很猛
都什麼時候了?
我回來了

05

西遊記

不可以！
驚～
媽媽是笨蛋！
在世界的中心呼喊「媽媽是笨蛋！」
媽媽
笨蛋
笨蛋
笨蛋
來到世界的盡頭後覺得好孤單
媽媽是笨蛋
哇～哇～
乖～
乖～

小小的自己・大大的自己

當媽媽被童心攻陷時
好寂寞
好寂寞
變成像孩子般小
好寂寞
好寂寞
媽媽，怎麼了？
把眼光放在內在自我時，就能夠安撫自己的童心
好乖
好乖
好乖
好乖
想像從遠處凝望走在人生旅途上的自己
媽媽就能變成如天空般高大

真實世界的育兒方式

拘泥著理想的親子教育而過著悲慘的每一天
明明是童年時的理想
為什麼每天都這麼沮喪呢？
媽～媽
喂，等一下
重要的是真實世界裡的育兒
掉落
遮住眼的魚鱗
有一天突然豁然開朗
雖然看起來很完美
理想的育兒方式
但是我們家不適合理想的親子教育，我們要往現實世界的道路前進
幸福的育兒村
托兒所

用「謝謝」代替「對不起」

因為心情惡劣而和孩子起了衝突
1
然後又道歉說著「對不起」的每一天
2
有一回沒說「對不起」而說了「生完氣，心情好多了，謝謝你」之後，
謝謝你！
3
孩子的狀態看起來非常好
4

第一章◎幸福是搭上心靈的巴士

一路開往幸福的育兒村

好，接下來我們全家搭上巴士，開往位於世界某處的幸福育兒村，讓我們一起來享受快樂的旅程吧。

咦？巴士？不能開自己的車子嗎？

是的。不要開自用車，請利用巴士。為什麼是巴士？我馬上會說明。

爸爸是司機，媽媽是車掌，小孩是乘客對吧？

不是。是一人開一輛，要各自駕駛自己的巴士喔！

小孩也是？

是啊。小孩開小巴士，大人開大巴士。

小孩子怎麼可能自己開車？馬上就會出車禍的！

不用擔心。有危險時，只要爸爸或媽媽的巴士啟動安全引導裝置就可以了。

最重要的是，請相信，即使是小孩子，他也擁有駕馭心靈巴士的能力。教導孩子駕駛自己的巴士，也是父母重要的工作之一。

啊！原來是心靈巴士啊！這麼一來，就算是一個人也可以駕駛。這樣就沒問題了。

可是，為什麼不是開自用車，而是巴士呢？

那是因為在我們的心靈中，有太多太多不同的情緒一起共乘。

嗯、嗯。焦躁的情緒、缺乏自信的情緒、「我真差勁」這種自卑的情緒、責備自己的情緒、遺忘了某些過往的情緒、悔恨的情緒、寂寞的情緒……只要稍稍回顧一下，就能發現確實有各種情緒存在呢！

沒錯！所以，不開大巴士而只開自用車，空間會不夠。但如果是小孩子，只要小巴士的空間就夠了。

原來如此！因為小孩也載著許多乘客呢。

不過，你說的幸福育兒村，究竟在哪裡？該怎麼走呢？

咦？這是什麼？這個是……地圖？

說是地圖，看起來更像是雙六*般的東西呢。這種東西能派上用場嗎？

因為實際上，並沒有所謂「前進幸福育兒村」的地圖或路線圖。

也沒有「只要照著說明往前走，誰都可以正確無誤地抵達幸福育兒村」的操作手冊喔。

咦？真的嗎？

沒錯！就是如此！

*註：雙六是日本的一種傳統桌上遊戲，遊戲的人擲骰子在圖盤上前進，類似中國傳統的昇官圖。

一定有走在黑暗
的夜路裡，卻不得不忍耐
著使勁往前跑的時刻。
激烈而崎嶇不平的道路連綿不絕。這是育
兒時會碰到的最大險峰。
START
偶爾得在
休息站稍
歇片刻。
要是發現遺
忘了重要的
東西，就要
立刻回家。

每對親子都有各自前進的道路

要是有一本「只要照著指示做，保證育兒成功！」的操作手冊，該多好！

沒錯！如果真是這樣就輕鬆了。可是，每個家庭的狀況都不同，所以只能自行尋找合適的答案。

比方說，當孩子不想去托兒所或幼稚園時該怎麼辦？

事實上成人社會裡也有各種困擾，我們偶爾也有不想上班，或不想和鄰居打交道的時候。剛離開父母身邊踏入兒童社會的孩子，自然也有他們那個年齡的種種煩惱，好比因為被朋友欺負以致不想去學校之類的。

有些孩子因為察覺父母間緊張的氣氛，所以會心繫父母的狀況而懷著擔憂出門；有些孩子在托兒所獨自一人勇敢地等著家人來接他，他希望媽媽能夠了解自己的寂寞並讚許自己的

努力，但媽媽卻絲毫沒有覺察。

另外還有很多其他可以想像得到的情況。

有位母親每天為了生活疲於奔命。有一天早上，當她發現三歲的女兒麻紀的動作突然變得拖拖拉拉時，她暫時將所有的想法拋到一旁，只是專心地抱著麻紀，專注地感覺麻紀的呼吸，不跟她談去不去學校的話題，而是安靜地度過屬於母女兩人的幸福時光。

一開始，麻紀似乎身心都十分緊繃，即使被抱著也好像不太舒服，不斷地在媽媽的胸前磨蹭掙扎，彷彿希望媽媽能夠幫她拭去囤積的壓力。之後卻又將身體整個靠向媽媽，讓媽媽因承受麻紀的全身重量而漸覺沈重起來。

不過，沒多久，當麻紀的心充滿了被媽媽關愛的安全感後，她主動從媽媽身上爬下來，自己到托兒所去了。

四歲的小綠才剛上幼稚園沒多久，所以很不想上學，這時媽媽會帶著她，比其他孩子都更早到幼稚園，以便在校園內陪小綠遊玩片刻。不久後，小綠就能夠每天心甘情願地去上幼稚園了。

原來小綠似乎只要想到一歲的弟弟向媽媽撒嬌的情形，就會變得坐立難安。可是，媽媽能夠全心全意地陪著小綠、每天和小綠一起玩之後，小綠就能感到滿足。

一歲半的小淳，因為媽媽是學校教師，所以在暑假期間可以每天都不用去托兒所，而悠哉快樂地待在

家。可是當暑假即將結束的一星期前，小淳的樣子突然變得有些奇怪。

媽媽來諮商時，小淳看來的確沒什麼精神。

「難道是因為他感到暑假不久就要結束了嗎？」

雖然我這麼說，但媽媽並不認為才一歲半的孩子會了解這種事。

可是，只要一提起這個話題，小淳就會放聲大哭。即使看不懂月曆，小淳也感受得到媽媽在第二學期*即將開學前變得浮躁的心情。

而且，這情況也不是第一次發生了，幾個月前，也就是媽媽在結束為期一年的育兒假回到職場時，小淳應該也感受到了同樣的心情。媽媽認為小淳還小，什麼都聽不懂，所以重返職場時也是什麼都沒說就直接把小淳交給托兒所。

經過諮商協談，小淳媽媽再次向孩子表達心中的

感謝——才一歲還這麼幼小的孩子，就得每天在托兒所等媽媽下班來接他。「小淳，謝謝你！」

媽媽也對小淳說明，工作對媽媽而言，具有何等重要的意義，希望小淳能幫助她。經過媽媽的解釋後，小淳明顯地回復了笑容，而且，當新學期開始時，他也能每天精神飽滿地前往托兒所了。

孩子天生就是喜歡媽媽的，為了想和充滿活力的媽媽一起生活，他會早熟地協助媽媽回到職場中。不過，若是不能體會那是孩子堅忍的力量，而認為孩子「因為並不討厭上學所以沒關係」的話，孩子遲早會感到喘不過氣而承受不住。

另外有位母親，她的女兒在上幼稚園兩星期左右

*註：日本為三學期制。

後突然開始抗拒上學。她的作法是：即使自己也感到不安，仍然全心安撫孩子，也試著去協談機關、和園方溝通了解、邀女兒的朋友來家裡玩、暫時和女兒一起上學、孩子發燒就立即請假休息等。但她迷惘著是否只能消極地等待女兒主動想去上學的時刻來臨。

在嘗試各種努力的期間，當她看到原本討厭去上學的孩子，竟然開始喊得出朋友的名字，也會唱幼稚園的園歌時，她才恍然大悟：「孩子雖然想去幼稚園，但也會因此而感到不安。所以，我的任務就是適時助她一臂之力！」

這麼一想後，即使孩子哭鬧不停，她還是強行帶著孩子去到學校。然後當她去迎接孩子時，總會對孩子展露最燦爛的笑容，而孩子也露出了安心的神情跟媽媽一起回家。一星期過後，孩子就能自動自發地換好衣服，朝氣十足地前去學校。

有時候當父母試著站在孩子的立場去和孩子對話時，隨著談話的進行，不但父母能加強對孩子的同理心，孩子的心情也能因此而有所轉變。

有個三歲大的孩子某天早上起床後說不想去托兒所，問他「是不是有討厭的事呢？」孩子點了點頭。可是再追問「是什麼討厭的事呢？」孩子卻不發一語。

以往每當發生這種情形時，媽媽總會想：「不把他送到托兒所，就沒辦法去上班」，所

以便強行抱著孩子去托兒所，交由保育員來處理，但唯獨這個早上她不想這麼做。原來，媽媽前一天受到主管的責備，所以情緒相當低落也不想上班。

「的確是這樣呢！有討厭的事情時就會不想去呢！」她這麼一說後，兒子竟號啕大哭了起來。

直到今天，我才明白兒子的心情。

我也非常非常想休息，不過，當我對兒子說：「媽媽會幫你搞定惡作劇的孩子，我們一起去吧！」後，兒子便點點頭，到了出門的時間時就和平常一樣在門口準備好一起出發。

生活中難免有不順遂，但是，我們可以設法去跨越。

我在出門前也感到十分的鬱悶，不過到了

公司和主管談過後，抑鬱的心情就一掃而空了。

這個清晨，我很感謝兒子給了我勇氣。（注1）

我猜想，在小男孩的潛意識中一定也感受到媽媽不想去工作的心情，所以才會以抗拒到托兒所的形式來表達吧！

你看！許多母親都尋覓到適合自己的教養方法，讓討厭上學的孩子變得樂意上學，不是嗎？

取得心靈巴士的駕照

有多少家庭就有多少條路線。所以，請找出完全符合自己家庭的路線！

完全符合自己家庭的路線？我能找得到嗎？要是迷路了該怎麼辦？我沒那個自信。

我了解，我明白那種不安的心情。可是，不會有問題的。請相信你的直覺，享受精彩的旅程。萬一走錯了路，只要折返重新出發就好。不過，請你一定要先取得駕照。

育兒時之所以會感到喘不過氣、覺得動彈不得，我認為是因為還沒取得駕照，就飛馳在這條險峻的道路上的緣故。想來，有了中意的對象後就立刻步入結婚禮堂，沒多久就懷孕的人應該不少吧！

我就是馬上懷孕，然後結婚的。

那……真是抱歉……。

請務必閱讀本書以取得駕照，只要你好好學習、掌握要領，上路時就會輕鬆許多。

駕駛汽車屬於實戰技能，所以最理想的學習方式不是死讀書，而是實際到駕訓場，由溫和親切的教練一步步來教導你。

不過，和現實的巴士駕駛不一樣的是：心靈巴士的駕駛技巧沈睡在我們的DNA當中，因此我想，運用本書來作為喚醒沈睡記憶的媒介應該很不錯。

對自己的「情緒」保持微笑

我們不管在任何時候，都會感受到不同的情緒變化。雖然隨便舉哪個情緒當例子都無所謂，但我想先以常發生的「焦躁」這個情緒為例。

日文中「焦躁」這個詞，據說有「刺」的意思。事實上，的確有一種蕁麻有許多尖銳的刺毛。所以，或許所謂焦躁的產生正是反應我們的心，正在不間斷地被尖刺扎著的狀態。

孩子沒有乖乖聽話就心浮氣躁，一面想著明明不到需要嚴厲責罵的程度，卻又踩不住剎車和孩子衝突起來，然後在事後看著孩子的睡臉又覺得懊惱不已……這種情況在生活中總是會反覆發生。

我們經常聽到許多人有上述的困擾。

這就像是父母的巴士失控，以致和駕駛在相同道路上的子女發生衝撞。

如何能夠不讓這種事故發生，而得以享受駕駛的樂趣呢？

這種時候，大部分的母親大概都會說：「不該讓焦躁的情緒波及孩子」。

嗯，的確如此。我確實經常會因為自己的焦慮而波及無辜的孩子。

你說得沒錯！

負面的情緒確實不該遷怒到孩子身上，不過，這和我真正的想法仍有一點差距。

接下來，我們就來開始學習駕駛的課程吧。

首先請正視內心焦躁的情緒，對他莞爾一笑說：

「感到焦躁不安對吧！」

「焦躁的情緒」只是我舉的其中一個例子。其他的情緒如「孤單寂寞」或是「沒有自信」等，你只要轉換一下用詞，以相同的方式和自己的情緒對話就可以了。

明明不想要這種焦躁的情緒，為什麼還要對他微笑呢？

因為焦躁的情緒，也是我們重要的心靈乘客。

和現實中的巴士一樣，我們心中也坐著許多不同情緒的重要乘客。有沈浸在愉悅旅程中的乘客，也有盼望尋求溫暖慰藉的乘客。

有些乘客最近才上車，也有些乘客從我們出生時就已經在車上，和我們相處甚久。因為他們搭乘的時間太久和我們太熟，以致我們一不小心就忽略了他。其中也有些乘客像是不願被人看見似的，躲在巴士最不起眼的角落裡。

從小就上車、令我們感到懷念的乘客，人們叫他「赤子之心」或「童心」，也有人稱呼他為「內在小孩」。

首先向這些重要的乘客打個招呼：

「你坐在這兒呀！」

承認他的存在，然後對他微笑表示歡迎：

「謝謝你的搭乘！」

這是待「客」之道，是慰藉心靈乘客的第一步。

我才不想要焦躁的乘客！甚至希望他消失！我不歡迎他的存在！他最好快點下車！面對這種心情，為什麼我一定非得對他微笑、向他表示感謝不可呢？

這是因為，不論是怎樣的情緒，都一定有他存在的理由和意義，所以才會留在我們心中。不管是正面還是負面的情緒，沒有任何一種情緒是不應該存在的。

欸？是這樣嗎？

是啊！任何一種情緒，都完完全全是為了自己好而存在的！

什麼？為自己好？這……簡直令人難以置信！

嗯，沒關係，也許你現在會半信半疑，覺得：

「那樣令人討厭的情緒，竟然說是為了自己好而存在的，我怎麼都不能相信。不過，若是阿部老師這麼說，就當作是真的，暫且先繼續讀下去！」

請你就先暫時這麼想吧。

所以，若是刻薄地想著：

「好吧！只要焦躁這傢伙消失無蹤就可以了吧？」這樣焦躁就未免太可憐了。

「你一定有什麼原因才會在這裡吧？」

「謝謝你在這兒！」

希望你以這樣的心情對他笑一笑並善意地接納他的存在，同時帶著同理心對他說：

「覺得很焦躁是吧？」

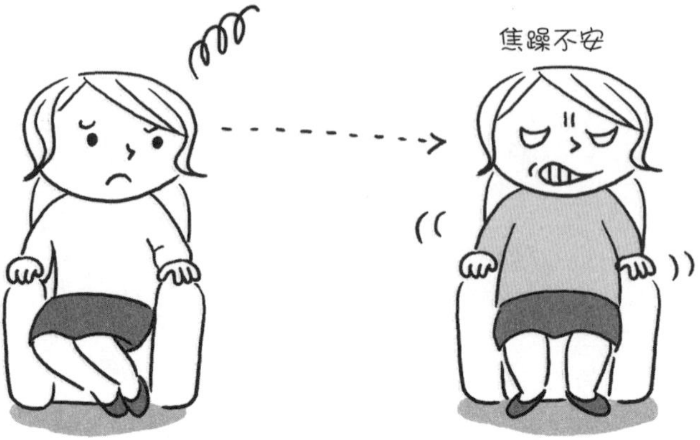

我怎麼也笑不出來，更說不出感謝的話啊！

我懂。

不過，「沒辦法對焦躁的心情面帶笑容」的情緒，也是重要的乘客之一，所以也要對這種情緒展露你的笑容然後告訴他：

「焦躁這傢伙真是個討厭鬼！」

啊！這位也是乘客！

焦躁的乘客和討厭焦躁的這位乘客，現在是相看兩相厭。但是總有一天，他們一定會和好的。

不過，即使在他們彼此懷有敵意的此刻，也是我們內在重要的情緒呢！

究竟是誰該展露笑容

面對自己的情緒，向他們展開笑顏。

然後，你看！不可思議的事情發生了。

我們的內心充滿了各式各樣必須被接納的情緒。那麼，究竟是誰必須包容這些情緒呢？

嗯，那是自己，是我。

若是將各種情緒比喻成巴士上的乘客，那麼，又是誰應該接納他們的存在呢？

是司機，對吧？

沒錯！我們可以說是擔任了司機兼車掌的職務。

那麼，司機兼車掌的「我」，和乘客身分的「情緒」相較之下，哪一邊才是主角呢？

不用說，當然是「我」對吧？因為在我的心中，存有許多種情緒。只不過，無論哪一種情緒，都不是完全的真我。

所以，與其說：

「我現在很焦躁。」

不如說：

「我的身體裡面，有個名為焦躁的情緒。」

兩種說法不是大同小異嗎？

這個啊。

要問為什麼要這麼區分，那是因為我們的內心很容易在不留神中就會被站起來騷動的乘客給攻陷。

一旦被「焦躁的情緒」給佔領，我們就會遷怒到小孩子身上。

然後當我們又被「譴責自己的情緒」所攻陷，在還沒來得及撫慰「焦躁的情緒」時，就會開始譴責自己「竟然對小孩子遷怒，我真是過分的父母！」

就像行走中的巴士，要是許多乘客接二連三地吵鬧不休，並從座位上站起來，甚至湊到駕駛座旁搗亂的話，整部巴士不就像被劫持了一樣嗎？

扮演司機（＝車掌）的我們，必須溫和但堅定地勸導這些乘客，如果做不到，即使不能說他不存在，也幾乎等於隱形了。

像這樣的巴士劫持事件，因為動不動就會在日常生活中發生，所以很容易會導致超速行駛、蛇行、在十字路口引擎故障、或是撞上原本感情很好、並排行駛的兒童小巴。

過去曾發生過一起十七歲少年引起的巴士劫持事件*。在現實中的這起巴士劫持事件發生前，劫車少年苦悶的心緒甚至高漲到懷有殺意（也就是所謂的心靈黑暗面），因而才發生了這起巴士劫持事件。

巴士劫持事件的發生，不僅令自己困擾，也會帶給周圍的人麻煩。

不過，就算焦躁的情緒從座位上站起來、胡鬧、擾亂駕駛，只要司機（＝車掌）控制得宜，就能設法安撫他好好地安坐，或不要讓他妨礙駕駛。

因此，若是能夠一一展露笑容、慎重地接納心中的任何情緒，就能夠拯救被各種「心情」壓制、容易潛藏在某個角落的心靈主體——「自我」。

*註：二〇〇〇年五月三日發生的西鐵巴士劫持事件。一名十七歲的少年持刀劫持巴士。事件結果，一名六十八歲的老婆婆被殺身亡。

接下來是問題練習——

當你想著「我真是差勁的父母！」時……

嗯……

想法轉變成「我的心裡，有個總是認為『我真是差勁的父母』」的想法，是這樣嗎？

是的。答對了！客觀來看，每個人都是無可取代的、重要的存在。時常都在盡一己之力以完成職責的自己，怎麼會差勁呢？

比方說當你的好友中有人在嘟囔著：

「我真差勁！」

你一定也能打從心裡安慰他：

「沒這回事！你不也是盡力了嗎？」

的確，要是對別人，我就說得出口，而且還能發自內心。

回頭想想，只不過是內心有個「認為自己很差勁的情緒」存在而已是吧！可是，之所以會耽溺在自己很差勁的情緒中，也一定是有其原因的，只要對這個情緒的存在審慎以對就好。

成人心的養成

心靈巴士的司機能妥善駕駛巴士的狀態，我稱它為建立「成人心」。要取得心靈巴士的駕駛執照，必須建立成人心，才能使父母心得以充分發揮。

並不是說現代的成人不成熟、幼稚、成人心發育不良。你不妨這麼想——我們雖然也培育了成人心，但是在成長的過程中，因為會有許多不同情緒的乘客隨著事情的發生被拉上車來，所以我們才會不清楚究竟將成人心失落在哪裡了。

在職場上，我曾經認為自己說出的是正確的意見，但卻被上司罵我：「不要那麼固執己見！要更像個成熟的大人！」我因此而懊惱不已。所以，我討厭「成熟的大人」這種說法。

沒錯沒錯。

只是變得世故，並不是我所說的成人心。

成人心的行為有兩大類，仔細一想應該很容易就能明白吧！

一個是——

留心周遭、注意交通號誌或其他巴士，小心不要發生暴走或意外事故的「自律」的心。這是在一人分飾兩角（司機＝車掌）中，將注意力完全凝聚於外在環境的司機角色。

身為社會人士（工作或社交等）、家庭成員（家事或育兒等）以及身為人類（生存價值的發現）等多

重角色，我們必須思考如何理性判斷、下決定、實踐，才能恰如其分地扮演好每一個角色。

若是在關注周遭環境的期間，被「無精打采消沈的乘客」給劫持巴士就糟了，可能會連準備晚餐的氣力都沒有。

因此，我們也必須要有個留意內部、關心內在乘客、殷勤給予撫慰的自我關懷的心，這就是成人心所扮演的另一個角色——車掌。

換句話說，注意別讓焦躁的情緒遷怒到小孩是司機的工作，而安撫焦躁的情緒則是車掌的任務。

乘客之中若有人在巴士行進間喧鬧著說：「聽我的！」時，車掌就應該要溫柔地安撫他說：「現在車子正在行進當中，請稍等一下，到了休息站再說喲！」

如果加以安撫後他仍然繼續吵鬧不休，就應該毅然決然地指正他，請他不要妨礙駕駛，這就是車掌的任務。

要對自己這麼有毅力又堅持，很難啊！所以，會在苦不堪言時無意間就遷怒親近的人。

要是能做到（雖說只要習慣了誰都能做得到），請感受一下那個情緒位在身體的哪個部位。

情緒這種東西，必定會把身體的某一部位，當作他的座位（處境），所以當負面情緒產生時，就會感到頭痛欲裂、肩頸酸痛、胸口悶痛、腹部疼痛……等。

就像《龍貓》裡出現的貓巴士，我們的身體也變成了巴士呢！

普通的巴士，都設置了可以容納座位的構造（車體）是吧！心靈巴士也一樣，車體（人體）也設有座位。有人把心中所搭載的各種情緒，畫成前頁那幅圖。

將負面的情緒轉為正面

先前我曾寫過：「乍看之下無論多麼負面的情緒，一定都有他存在的原因；一定是為了自己好所以才存在的。」關於這件事，只要試著進行以下的步驟來練習就能了解。

比如說，你試著揣想一下「我真想死掉算了！」的心情。這種時候，首先要接納心裡有個「我真想死掉算了！」的情緒。

然後，以這個情緒作為對象，問問他：

──為什麼會這麼想？

──之所以會變成這樣的心情，是因為內心真正在期盼的是什麼？

──若是如願以償的死了，又會發生什麼事？

像這樣，對自己的情緒追根究柢、探求內心的真意，練習和自己的情緒進行對話。

你問我會發生什麼事？要是如願死了，一切不就結束了嗎？

不對，不對。

「如果死了現在的痛苦也就沒了。」

「這麼痛苦還不如死了算了！」

「因為太痛苦了，所以想讓自己輕鬆一點。」

這麼自問自答下去，或許會出現如下的答案：

「我想更輕鬆、更幸福的活著！」

得到這樣的答案時，你就會了解：原來「想死」的心情，其實真正反映的是「想活下去」的心情。

這麼一來，乍看之下是負面的情緒，持續追問下去後，一定可以得到正向的解答。

這不光是腦內作業，請你重視潛意識中不經意浮現的答案。給自己充裕的時間，就算出現了不合邏輯的跳躍性思考也不需要在意。

有位母親和自我的情緒對話是從「家裡只要無法收拾乾淨就焦躁不已的我」開始，在經過了迂迴的問答後，出現了「和哥哥合不來的我」這個答案。原來，她從小就十分擔心為氣

喘所苦的哥哥，也不能和哥哥一起玩，所以曾經度過一段很寂寞的童年。最後她的內在情緒出現了「二歲時最喜歡哥哥的我」，當她慢慢地回想這段往事，她了解到了自己並非和哥哥不合，也不再動不動就因為無法將家裡收拾乾淨而感到焦慮了。

即使無法立刻尋找到正向的情緒，那也只是因為自問自答的過程進行得不夠順暢。正像有句俗諺所說：「父母的意見和茄子開花一樣，都很難能可貴！」

同樣的，我要說：「所有內在情緒都是難能可貴的！」

換句話說，負面情緒的出現原本是因為自己的內心有所期望，只是這個期望被什麼事情給阻礙了，才會轉變成因無法達成該目的，而以挫折的狀態出現。

這樣的我，不也是很堅強？

不也是情有可原？

遇見正向的自我時，更要持續進行自問自答，我們將發現那是長久以來所企盼的境界，而到達真正的自我核心。

這個尋找過程，在我們治療的團體裡就稱之為「尋找核心（Core）」，這是將美國心理學家開發的技巧（注2）加以轉化而來的。

有個母親提出的自問自答對象是「總是不知不覺吃太多的自我」。對這位母親而言，光是能對這個「自我」提問，就已是很大的突破了。

這是因為，她從未向人說過有關自己暴飲暴食的情況，這件事始終是她內心的秘密。

我以這種方式自問自答，首先轉變的是自我形像，然後才是言詞。在自問自答的過程中，我自然而然地又哭又笑，毫無拘束地流露情緒。

雖然會出現乍看之下似乎不合邏輯的言詞，心中也曾困惑「這樣好嗎？」但就結果而言，我可以很有自信地說，轉變後的自己實在太棒了！

隨著對話練習的進行，原本鬱積在胸口那一團灰灰的棉花也逐漸開始轉變，最後終於豁然開朗，而在心中擴展成一片「萬里晴空」。

無邊無際的藍天，不只存在於我的內心，也環繞著自己，令我感到非常滿足。

〈注〉

1. 小早川惠子〈不想上學的早上〉。二〇〇三年二月二十五日刊載於《朝日新聞》「片刻」專欄。

2. 《核心轉化：療癒與自我變革的十步驟（*Core Transformation: Reaching the Wellspring Within*）》由康尼瑞兒・安祖（Conniare Andreas）及泰瑪拉・安祖（Tamara Andreas）著，穗積由利子譯，春秋社出版。（譯註：中文版為《心靈改造——進入內在的活泉》，世茂出版。文中提到藉由自問自答形式以尋找核心的作法，在本書中為藉由問答和次人格對話，找出本體狀態。）

第二章◎對孩子常保笑容的效果

照亮孩子的太陽

一位有兩個在念小學的孩子的母親說，她總會因為壓力而成天對兩個孩子發飆。有一天，小心翼翼靠近她的兩兄弟，交給她一個裝有一枚五百日圓硬幣的信封，上面寫著：

「給媽媽：微笑費用，五百圓」

吃了一驚的媽媽原本打算一笑帶過，不料眼淚卻撲簌簌地掉了下來。想來這是因為壓力瞬間被解除的緣故。其後，她對著兩兄弟莞爾一笑，孩子的臉龐也因歡欣而明亮了起來。

對孩子而言，最令他們感到開心的莫過於雙親的笑臉。早在明治時期有位名叫平塚雷鳥*的人就留下「創世之初，女性就是太陽。」這樣一句話。

對孩子來說，母親充滿慈愛的笑容就是太陽。

只要母親保有笑容，在通往幸福的育兒之路時，就等於成功了一半。這是因為只要被母親的笑容所圍繞，孩子便能夠：

①深切體認自己受到母親無條件的疼愛。
②因母親充沛的活力而感到安心。
③感到「活著是件開心的事」而能夠肯定自己的人生。

以上三點，相信大家都了解，無論哪一點都是撫育孩子幸福成長的要件。

人生在世總會碰到些艱難，生活中不會只有歡笑，何況，當育兒的煩惱接踵而來，父母的心當然也會籠上陰霾。不過，這和先有雞還是先有蛋的爭論一樣，父母的笑容和孩子的表現是息息相關的。當父母的笑容從日常生活中消失時，孩子的表現通常也會變得格外令人擔憂。

然而，也有因擔心孩子而前來諮詢的母親，某日突然態度一變，自信十足的表示：「已經不要緊了！好歹總是能解決的。」

但這並非表示父母所擔心的事情已經全然消失。有時，令人擔心的事尚未解決，卻又出現了許多其他令人擔憂的事，這也是很常有的。

*註：平塚雷鳥（Hiratsuka Raicho1886-1971 年）。日本的女性主義者、思想家、評論家及作家。1911年創辦日本第一份女性主義雜誌《青鞜》。

比方說，有位媽媽因擔憂她六個月大的孩子小綾會發出不明原因的咿咿聲和呻吟，而來尋求諮商協助。小綾平時並不大哭鬧，也不大需要媽媽費心，然而她卻擔心這是不是因為孩子聰明過頭、勉強忍耐的關係。

她說產前因為有早產現象而住院安胎一個月，不知是否因為臍帶繞頸三周使得孩子在肚子裡不太活動，而導致小綾的狀況異常？但這些似乎都不是當天的主題。

之後她說了身為母親後的痛苦心情。原本一直對她很親切的婆婆，在小孩出生後，態度有了一百八十度的轉變，連枝微末節的事她也會碎唸個不停：「這樣做不行！」「那樣小綾很可憐！」「真是沒用的媽媽」……等。因而和婆婆的相處變得很困難。

被媽媽抱在懷裡的小綾用撫慰般的眼神看著流淚訴苦的媽媽。當媽媽的鬱悶心情因傾訴而得到紓解時，小綾好像也鬆了一口氣。談話告一段落後，媽媽的心神回到小綾身上，但這回卻換小綾哭了起來。媽媽將小綾的小臉輕輕轉過來，雙手穩穩支撐著她扭動的脖子，望著她的臉說：「媽媽最喜歡妳了！」「妳好可愛喲！」「妳是我最重要最重要的小綾。」「能夠生下妳，媽媽很開心。只要有妳，媽媽就很幸福了。光看著妳，媽媽就很幸福了。」隨著媽媽的話語，小綾的哭泣漸漸和緩下來。

然後媽媽回復笑容說：

「小綾還是小嬰兒呢！只要安心當小嬰兒就好了喲！」媽媽說完，小綾的臉一皺「哇——」地哭了一會兒後，就將整個人埋進媽媽懷裡。即使只是個小嬰兒也能夠感受到媽媽細微的心情。此後，小綾不再發出那些咿咿聲和呻吟聲，取而代之的是宛如向媽媽撒嬌般的輕聲哭泣。相對的，媽媽也在剎那間有了真正為人母的模樣，看起來明顯地成長了。

媽媽本身痛苦的狀況雖然仍未改善，但她心中所產生的變化，已使得她成人心的父母心迅速茁壯了。

才剛要笑，臉卻僵住了

孩子會常跟我說：「媽媽，笑一笑嘛！」可是，才剛要笑，我的臉卻僵住了……。

的確如此，生活並非每天都是順風滿帆。有豔陽高照的日子，就會有烏雲滿佈的時候，所以無法輕易地說笑就笑。

我每天都是烏雲滿佈。

沒有下雨天嗎？

我從童年時期開始就習於忍耐不讓自己輕易哭泣，所以不會有下雨的日子。

正因為你是這樣的母親，所以更要對孩子展開笑顏。首先，對總是無法露出笑臉的自己說：

「最喜歡妳了！（微笑）」

像這樣，先從對自己友善的微笑開始。

在第一章中我曾說過，對焦躁的情緒展開笑臉、給予焦躁情緒肯定的同時，擔任心靈司機的成人心就能成長。

在建立成人心的同時，只要能溫柔地對待內心的所有情緒並展露笑顏就可以了。

要我對悲傷的情緒微笑，我做不到！

不！即使面對悲傷的情緒也可以笑得出來喲！因為自身存在的價值，是遠大過於悲傷的情緒的。

非但如此，反過來說，若能對悲傷的情緒笑臉相待，將更能體會悲傷的心情。

「很難過是吧？我懂的。」

「沒有必要特意隱藏情緒，傷心就擺明傷心也沒關係！」

「最喜歡你了！（微笑）」

只要不斷向自己的內心傳送訊息，悲傷的情緒就能夠得到善意的回應，而不會再繼續忍耐悲傷。

來！試試看！如果光用想像的過於困難，不妨對著鏡子練習看看。

悲傷的情緒在心中湧現了？

嗯。

那麼，請安撫他：「我知道，我了解！」

可是，我聽見身體的某個部分反駁著：「說什麼悲傷也沒關係！全都是騙人的！我怎麼能哭出來？」

若是這樣，請你也安撫這個聲音，告訴他：「你一直想著，『我不能哭是吧？』可是，即使哭泣也沒關係喔。」

他說：「哭哭啼啼的很丟臉！要是哭了就輸了！」

告訴他「沒這回事！」

「哭一哭不但能鬆口氣，也能恢復精神。」

像這樣，一一面對所有騷動的情緒，以成人心微笑以對。這是非常簡單的方法，也是撫慰自我的第一步。

想要笑，臉卻僵住了，這是因為我們的成人心對於要面對心中的陰霾還沒完全做好準備。因為「從小就忍耐著不哭泣」的乘客，霸佔了我們的心靈巴士之故。

沒了下雨天，也就難有陽光普照的日子！

嘩嘩地下著傾盆大雨時，不撐傘在雨中漫步其實也很不錯。

這麼一來，不但能聆聽內心的聲音，也能對孩子展露笑臉。

那麼，我要去錄影帶店租個賺人熱淚的電影回來看，重新讓自己變得擅長哭泣！

在母親的笑容下，孩子就能學會如何撒嬌

向自己的負面情緒微微一笑，安撫他「最喜歡你了！」，以融化冰封已久的心。這就是在學會向他人撒嬌前，要先練習對自己撒嬌。

當我們的情緒凍結時，身體會變得僵硬、呼吸也會跟著凝結，所以想恢復擅於撒嬌的自己，就要先對自己的心情微微一笑。

同樣地，對我們的孩子微微一笑，向他們說聲「最喜歡你了！」也能引導孩子變得會撒嬌。

這是因為並不是每個孩子都擅長撒嬌。而且，即使擅長撒嬌的孩子也不是無時無刻都很能撒嬌。

雖然想求助於別人，但情緒上卻踩了剎車，以致難以啟齒向別人撒嬌，這些都是常有的事。

不過，即使是不擅長撒嬌的孩子，只要媽媽展露溫柔的笑容，他們也就自然而然地會撒嬌了。因為媽媽的笑容，就像是對孩子發出了「盡量撒嬌沒關係」的訊號。只不過，一開始或許會感到孩子變得有點黏人或撒嬌過度哦！

就讀幼稚園四歲的理惠最近出現了夜哭，導火線似乎是因為妹妹很會向父親撒嬌。此時，懷著身孕的媽媽雖盡可能地陪著她睡、安慰她，但理惠看來仍哭得很痛苦，即使媽媽把能想到的話都說出來安慰她，卻還是徒勞無功。

不久，這位媽媽想到曾看過我寫的《耍脾氣教育法的建議（暫譯）》（《ダダこね育ちのすすめ》中央法規出版）這本書中所提到的一件事：

已經成年的兒子在外喝得爛醉如泥，回家後對家人怒言相向：「都是你們害的！」然而父親只是不斷安撫他：「你是好孩子！」「我很愛你！」即使被兒子用力推開，他仍緊抱著兒子不放，這麼反覆幾次後，兒子終於筋疲力盡而呼呼大睡。但經由這件事，兒子竟然重新振作起來。

媽媽想起這段內容後，情不自禁地對理惠說：

「媽媽很愛理惠。就算妳和妹妹吵架，做錯事被媽媽罵，媽媽還是好愛好愛妳喔！」

媽媽這麼一說，理惠突然緊緊摟住媽媽，抽抽搭搭地哭了起來，而媽媽也緊緊地抱著理惠。

事實上，媽媽一直以來總是強烈地否定自己，每天的情緒都很低落。當她緊緊抱著理惠時，想起了理惠以前經常黏著自己說：「我最愛媽媽了！」她這才意識到，認為自己不被媽媽疼愛的理惠，一直以來都是用這種方式來安慰她。被溫暖的心情所包圍的媽媽，突然感受到豐富的生命力注滿了心中。

《駱駝駱駝不要哭》——一旦流淚，心病就好了

我看了《駱駝駱駝不要哭》*這部電影。這部電影橫跨了蒙古南部的戈壁沙漠，主角是一個和駱駝共同生活的遊牧民族家庭，全片幾乎完全以紀錄片形式拍攝。

這是由四個世代——曾祖父母、祖父母、父母和三個小孩組成的家庭。他們居住在蒙古包（遷移式住房）裡，長年與自然界的沙暴共存，與大自然融為一體，過著質樸的生活。那裡有著居住在被譽為先進國家日本的我們所遺忘的悠閒自得，以及人與人之間的相互扶持。

駱駝有固定的繁殖期，據說會在每年的特定時期一起生產。但是這個家族所飼養的駱駝中有一頭難產，雖然最後好不容易生下了小駱駝，母駱駝卻拒絕哺育牠。

雖然小駱駝拼命靠近駱駝媽媽的乳房，卻被駱駝媽媽用膝蓋頂開，甚至當牠將臉靠近媽媽時，駱駝媽媽還一副要咬牠的模樣。這個家族沒辦法，只好將駱駝媽媽的奶擠出後餵食給

小駱駝，但小駱駝仍然越來越衰弱。

小駱駝的叫聲令人感到哀悽，而母駱駝的苦惱也透過了畫面，深刻地傳達給觀眾。

這個家族決定為這對駱駝母子進行地方傳統的治療方式，於是他們從遙遠的市鎮請來一位馬頭琴（大提琴般的弦樂器）的琴師。

當琴師開始演奏悠揚溫柔的旋律時，年輕的女主人也溫柔地輕撫母駱駝的身體，彷彿在呼喚著牠一般，用心地唱起歌來。雖說是歌曲，但歌詞也只是簡單地「乖—乖—好乖—乖」一再重複而已。

我感受到在馬頭琴的演奏中，同為母親的女主人的歌聲及溫柔的撫慰，療癒了母駱駝的心。

不久，從母駱駝的眼眶中滾下了大顆的淚水，牠終於接受了小駱駝並開始哺乳。

母駱駝一站起來，小駱駝也跟著站起來靠近媽媽，母子變得和樂融融，彼此也以平靜地叫聲互相唱和。

*註：「The Story of the Weeping Camel」由蒙古女導演琵亞芭蘇倫戴娃（Byambasuren Davaa）與義大利編導路易吉法洛尼（Luigi Falorni）聯手深入蒙古大漠拍攝。2004捷克「卡羅維法利國際影展」觀眾票選最佳影片。

正如電影海報的廣告詞所寫的：「一旦駱駝流淚了，心病就好了」。

有一次演講時我談了這部電影，並且請兩位聽眾上台扮演電影中的角色，扮演遊牧民族母親的人，以手輕柔拍撫扮演駱駝媽媽者的背部。

扮演駱駝媽媽角色的人在聽我講述電影內容時眼眶就已含著淚水。據她說，自己從小就在飽受暴力的家庭環境下長大，總是在顫慄不安中入睡，也一直希望自己能像泡沫般從人世間消失。

當扮演遊牧民族母親的人輕撫她的背時，她從小到大深鎖在心中的痛苦突然一湧而出，因而哭到不能自己。

這是她有生以來第一次能暢快地流下眼淚。讓人輕柔撫慰而流下了溫暖的淚水也是她從未有過的經驗。

演講結束時，她寫給我以下的感想文：

我終於了解，原來在自己體內有一股潛藏的情緒，一股期盼被撫摸、被擁抱、期盼別人對我溫言軟語的渴望。我也察覺出來，原來我之所以會對孩子說出傷害性的言詞，其實是我那從孩提時期起就一直潛伏在體內的情緒在吶喊。

令人欣慰的是，參加的人當中沒有任何人抱怨：「竟然拿我們和駱駝相提並論！」不可思議的是（雖說媽媽的心情會立刻感染給孩子不是什麼不可思議的事），據說在演講隔天，那位媽媽的孩子的情況就立刻有了轉變。

那個至今一直不擅於撒嬌的五歲男孩，居然開始能夠輕易地撒嬌哭泣，而且簡直判若兩人般地咯咯大笑、能夠任性地撒嬌。這讓媽媽感到十分開心，忍不住緊緊地把孩子摟抱在懷裡。

打孩子的手不要立刻離開孩子

似乎有不少人曾體罰過孩子。我認為同樣是肢體接觸，與其動手打小孩，不如帶著期許，撫摸、碰觸孩子的身體，如此一來就沒必要打孩子。這點我們先暫且不談。

當怎麼也無法壓抑自己的情緒而忍不住打孩子時，我建議——

「打孩子的手不要立刻從孩子身上放開，而是將手貼在孩子的身上維持片刻不動。」

只要這麼做，你將發現，在親子的心靈間，一定會產生嶄新的感受。

咦？可以打孩子嗎？

這個……我是指想要戒卻怎麼也戒不掉時。

明明知道不該這麼做，卻無法杜絕的行為……數也數不清。

由於絕對不可做的行為模式，已經養成了習慣，突然間要完全戒除是很困難的。如果不是一下子就要完全禁止該行為，而是稍稍改變行為模式，應該會比較容易。

但是，就結果而言，只要鬆動了既定的行為模式，反而容易改變該行為。

也就是說，只要有了局部的改變，整體自然就會有所改變。……像是我們夫妻倆很想改掉卻總是一下子就鬥起嘴來的毛病。下次來改變吵架的形態，試試看相互狠狠廝打一次，說不定反而能有所改善。

「打孩子的手就那麼保持不動。」

這是我很久以前，在合歡學園創校人宮城鞠子（Miyagi Mariko 注3）的書上所看到的內容，拜讀當時那有所體悟的感動還記憶猶新。

那些腦性麻痺的孩子，都是離開雙親在學園生活的。宮城小姐不僅幾乎不曾打過他們，更不會因為情緒失控而體罰孩子，只有她認為非得嚴正地斥責孩子時，才會貫注全部的愛心動手打他們。

不是用盡全力喔！

她第一次動手打的是一個八歲的女孩。因為當她看著患有腦性麻痺的朋友好不容易才跨出一步時，竟惡作劇地伸出腳把朋友絆倒，而且還樂不可支。當時被打的孩子雖然帶著忿恨的眼神瞪著宮城小姐，但她也認真地直視著女孩，不久，女孩哭了起來，然後情緒就穩定了下來。

看到書裡的這段描述，我想到了一句廣告詞。

「一旦哭泣，情緒就穩定」

打孩子，我會心痛。可是，在懷抱著對孩子的愛，以及為那個孩子著想的前提下，有時是必須打孩子的。但是打孩子的時候一定要用手心，而且，必須將自己的體溫也傳送給對方，絕對不可將打孩子的手心立刻從孩子身上拿開。

這是宮城小姐的想法。

或是可以如同《駱駝駱駝不要哭》片中般，請你用打了孩子的那隻手，一面輕撫著自己的另外一隻手，一面在心中撫慰自己：

「其實不想動手的，但還是忍不住動手了對

吧？」

有位媽媽從小就在打罵教育下長大，因為曾遭受這種折磨，所以決心絕不對孩子做出同樣的事，但她終究還是打了孩子。而且一旦開始動手，就會有如剎車失靈般怎麼也控制不了自己，最後連自己都感到害怕，因而來找我商量如何停止體罰孩子。

她的孩子三歲，名叫早紀。在諮商室裡一看到她們母子倆，我便感到早紀十分驕縱，媽媽似乎被她整得有點暈頭轉向。在我問了媽媽她們平日的互動狀況後得知，大約在半年多前，早紀開始非常堅持自己的想法，只要被制止，她就會打媽媽，並大聲哭叫，吵鬧不休。

因為日常作息被嚴重打亂的緣故，所以媽媽再也無法忍耐，而開始動手打孩子。她說自己甚至連覺得孩子可愛的心情也蕩然無存了。

我也曾有過同樣的心情，別說覺得孩子不可愛，有時甚至還覺得他們很可恨。

這是因為心中被「好煩！」「怎麼辦？」的乘客給侵略，以致連那麼一點覺得孩子可愛的心情也一點一滴地消失中。

因為媽媽幾乎完全失去耐性，早紀也逐漸迷失了自我，而媽媽雖試圖以體罰導正她，卻又因為體罰而深深地自責，所以如果不優先處理媽媽自責的這個情緒，就無法突破目前的狀況。

於是，我問媽媽用哪隻手打了孩子？她回答說是右手，於是我請助理輕輕地握住她的右手，邊說著「很痛吧？」邊溫柔地撫摸她的右手。

媽媽心裡的傷痛、早紀心裡的痛楚、媽媽手心的疼痛以及早紀被打的臉頰的疼痛，都藉由媽媽的手心傳達出來。我們表現出全然接受這一切，並安慰她：「很痛喔。」媽媽因而流下了淚水，也接受了我們的撫慰。

原本一個人在旁邊玩的早紀，看到媽媽哭泣而擔心地依偎到媽媽身邊，讓媽媽抱在懷裡。被媽媽抱著的早紀，伸手貼心地為母親拭去了淚水。

暫告一個段落後，總算輪到早紀了。因為令人擔憂的嚴重情況是從半年前開始的，所以我問當時是否發生了什麼事？才知道，原來早紀那時動了舌繫帶短縮症的手術*。當場我安慰早紀：「手術很可怕吧？」「一定很痛吧？」她卻沒什麼反應。

「為什麼要決定動手術？」

「因為有呼吸中止的現象……」正當媽媽欲言又止時，早紀的身體突然變得僵硬並開始號啕大哭。她哭得很痛苦，就像是喘不過氣一般。

「沒辦法呼吸很難過，對吧？」

「難過到以為會死掉，是嗎？」

這麼安慰她後，有好一會兒她都哭得非常厲害。

經過這些問答之後我發現，早紀的堅持是來自於以為自己會死掉的恐懼。我想，只要呼吸中止症狀所產生的恐懼因為得到撫慰而得以療癒，不僅早紀此後能夠成為一個更體貼的孩子，媽媽也不會動不動就焦躁到要出手打孩子。

三個星期後當她們再度來到諮商室時，母女的關係已有極大的改善，她們說每天都過得很開心。我想這就是良性循環的開始吧！

第一次諮商時助理幫媽媽抱著早紀的時間雖然很長，但第二次諮商時，早紀就能由媽媽抱著或安撫，也能坦率地哭著撒嬌，對死亡的恐懼也似乎逐漸地在減輕。像這樣為了建立親子間良好的互動關係，在短期內，這對母女都會定期到我這兒來進行諮商。

*註：Ankyloglossia，舌頭無法伸出下嘴唇外，會造成構音（articulation）不全，需手術治療。

緊緊抱住小玩偶

我曾經在演講會中，播放了一段關於一位2歲左右的孩子為了「要朋友正在玩的玩具」而鬧彆扭的狀況錄影帶給聽眾觀看。影片中的孩子所想要的玩具，其實是他剛剛一直在玩的。朋友一直等到他玩膩了，才接手過來玩，因此這下就輪到他自己得忍耐著等朋友玩。

可是，即使一度玩膩了，當看到朋友在玩時，他卻又想要玩了。不過影片中的媽媽始終只是任憑他在地上耍賴打滾，並在一旁耐心地看著他，等待他發洩完懊惱的情緒。當孩子的脾氣發夠了，又開開心心地飛奔到母親的懷裡。至於玩具的事，似乎已被他拋到九霄雲外。

「立刻就想要的渴望，因為哭泣而中斷了呢！」

我這麼一說明，有位母親便說了。

「這種場面在我家簡直是天天都在上演。我一聽到對方小孩的哭聲就很難受，總是沒辦法任他哭個沒完，因此會忍不住跟自己的孩子說：『你借給他！』可是，這麼一來，我的孩

子反而變得很可憐……。」

於是，我把一個小玩偶交給那位母親。

「妳可以抱著這個玩偶，坦白告訴它：『妳一聽到對方孩子的哭泣聲就很難受吧！』」

然後另一個母親說了。

「我在家裡，只要孩子一哭就會覺得好像受到責備般難受。」

我也遞給這位母親另一個玩偶，然後建議她：

「那不是責怪母親，只是單純的撒嬌罷了。把這個玩偶抱在胸前，安撫它：『聽到孩子哭時，妳會覺得自己受到責備，而感到難過是嗎？』然後跟它說說看：『其實孩子只不過是在撒嬌而已啊！』……也可以像《駱駝駱駝不要哭》當中的母親般，溫柔地撫慰玩偶，又或是同時撫慰哭泣的孩子及玩偶。」

接著我又補充說明。

「各位可以比照這種方式，設法撫慰內心苦悶的情緒，要是光靠自己一個人無法做到，無論如何都需要別人撫慰你時，也可以拜託別人給予協助。」

孩子只要一哭，我就會抓狂而對孩子大發脾氣。

「哭什麼哭！好好把話說清楚！」會這麼說對不對？

沒錯沒錯！我都是對孩子這麼說的！

我不是這個意思。我是指，你就是在被這麼指責的管教方式下長大的是吧？

喔！原來如此！哈哈哈！

解放無意識中束縛自己的力量

我再介紹一種能夠簡單撫慰自己的方法。那就是讓自己的情緒有機會能自在地表露出來。把孩子送到幼稚園或學校後，趁著做完家事的空檔，請務必一試。

習慣了之後不論是坐著或躺著練習都沒關係，不過一開始為了讓自己能夠無拘無束地表現，請站著練習看看。

觀想自己心中那渴望被聆聽的情緒所在。

那個情緒位於身體的哪個部位呢？

輕輕地將手放在那個位置，然後問它：

「有什麼話想說？想要怎麼樣來表達自己呢？」

希望被聆聽的情緒在我的背後，手又碰不到！

無法碰觸到的位置，不用真實的雙手，而改以想像的手去碰觸也可以。以成人心微笑著向它說：「不需有任何顧慮，只要照你所想的如實表現就好！」

只要用心傾聽、仔細內觀，一開始或許會因膽怯而有所顧慮，不過，身體將會漸漸開始擺動，變得想發出聲音，呼吸也會轉變，情緒上揚，同時能夠覺察到身體自發性的種種律動。此時，請以成人心溫和地包圍住那個律動。

嗯——變得想發出聲音呻吟，身體也輕微地顫動了起來。……悲傷的感覺滿溢胸懷。

……心情好像漸漸變輕鬆了。

專注你的身心，你一定會感到舒適輕鬆許多，也有多少回復真我的感覺是吧？同時，也會產生出嶄新的、積極向前的情緒。

竟然出現了從未體會過的聲音和身體動作！明明沒打算要動的，身體卻自然動了起來。

想要解放被潛意識束縛住的力量，還是得借助潛意識的智慧力量不可。

如果能一邊聆聽療癒系音樂，相信應當更能體驗這種感受。

要是一個人沒辦法順利做到，不妨來參加我們諮商室的媽媽們所組成的療癒團體。

〈注〉

1. 入谷美樹〈微笑費用〉。二〇〇三年七月六日刊載於《朝日新聞》的「片刻」專欄。
2. 日文版DVD由ビデオメーカー（Video Maker）公司發售。
3. 宮城鞠子著的《鞠子的校長日記》（小學館出版）

第三章 心情整理學

孩子的領域、大人的領域

若能把心中的各種情緒和成人心之間劃分出清楚的界限，就能在自己與對方的心情之間，適度拉開一條涇渭分明的分界線。

提出「四歲小孩已經是個出色的成人了。」這個主張的是丹尼爾・葛林柏格（Daniel Greenberg）。他所創辦的瑟谷學校*，是突破美國現有的學校框架，重視自主性學習的學校。

咦？四歲就算是成人了？我家的孩子現在三歲，實在無法想像再過一年他就算成人了！說起來就連三十多歲的我，都還沒能實際感覺到自己已是個成人呢！

可是，過了四歲，就能透過言語與他人相互傳達心意，也可以盡到作為家庭成員之一的責任，從各方面而言都算是個獨立的成人了，所以請務必確實地將孩子當作成人來看待，讓他享有和其他家庭成員一樣的行動自由和發言權，也必須讓他參與家事的分工。這就是葛林柏格的觀點。

另一方面，葛林柏格也說了，幼兒如果在不被身邊的大人了解的環境下成長，就會像青春期的孩子般抱怨：「我的父母根本不了解我！」過了四歲後，就會變得更加彆扭。所謂鬧彆扭，就像心靈巴士持續處於被胡鬧的乘客給劫持的狀態下，而長大成四歲的孩子（抱歉了！成人們！）。

這樣啊。

我在拙作《耍脾氣教育法的建議》中介紹了葛林柏格的想法，結果有位媽媽寫了封信來表示，別說四歲，才一歲九個月大也已經是出色的成人了。

褓姆告訴我，裕太在托兒所時因身體失去平衡一不小心坐到朋友身上，結果那個孩子生氣地咬了裕太的手臂。晚上我看到他的手臂，竟然又紅又腫，連牙齒的咬痕都清晰可見。平常我會認為「小朋友一起玩總是難免」而不在意，但這次的傷痕嚴重得

---

*註：瑟谷學校（Sudbury Valley School）1968年成立於美國麻州。招收四到十九歲的學生，強調孩子的學習意願，主張自主學習。沒有行政人員，師生之間透過「校務會議」的主動參與來治校。

不禁令我打算向托兒所抗議。

裕太想必也很不甘心吧？我一邊這麼想一邊摟著他安慰他，又輕輕撫著他的手腕。

「一定很痛吧？你又不是故意的，他實在很過分呢！」

「你被咬了一定很氣吧？好痛對不對？」

雖然我一再安慰他，但裕太卻無動於衷。當我翻弄著他的手臂時，他也只是一臉茫然地看著一旁。

等等！對一歲九個月大的小孩說這些，他不可能了解吧？露出茫然的表情也是理所當然的吧？

倒也未必喔。即使只有一歲九個月大，甚至是新生兒，只要是關乎切身的話題他們就會懂。抱著這樣的想法陪伴孩子成長，和孩子對話，親子間的互動一定會更幸福、更有樂趣。

我突然想起一直黏著褓姆，像個跟屁蟲、不太和朋友一起玩的裕太，最近好不容易才開始和其他小朋友玩模仿遊戲、追逐嬉鬧，很開心地跟其他小朋友一起玩耍的情形。我突然想到，裕太可能和那個孩子感情很好。一想到此，我想若對那個孩子語出責備可能不妥當，於是轉而對裕太說：

「咬這麼重，他可能誤會了，以為你是故意的。」

「雖然很不甘心，但這種情況也常有呢！」

不過，就算這麼說，孩子也依然沒回應，仍只是皺著眉盯著我的臉看。目光似乎帶著責備而有點不滿的樣子。

我確實記得孩子當時的眼神。於是我暫停跟孩子說話，並試著回想，然後我立刻發現，孩提時代的自己也曾以相同的目光注視著母親。

「原來如此！」

我突然恍然大悟，「原來如此！媽媽懂了！這種情況媽媽不應該介入。因為這是裕太的問題。媽媽任意猜測假裝了解，說什麼那個孩子一定誤會了，實在太奇怪了！因為裕太才是最清楚的呢！」

這麼一說之後，裕太就眼睛一亮，點頭說「對！」

「這樣啊！原來如此！媽媽知道了！或許很痛、很不甘心，但最重要的還是裕太和朋友的關係。裕太有裕太的處理方式，小朋友也有小朋友的世界，那是媽媽不了

解、不應該插手的問題。」

我這麼一說，孩子更是連連點頭。然後我又說了：

「媽媽小時候，外婆都沒聽我說話，我好希望告訴外婆在學校中發生的事。所以現在媽媽希望能好好聽聽裕太告訴媽媽在托兒所中發生的事。」

一面回想童年的寂寞一面泣訴時，裕太突然放聲大哭並抗拒著推開我，哭得像個淚人兒似的，不過他在哭了片刻後，就一臉安詳沈沈地熟睡了。

一般說來會感到有些驚訝吧。一歲九個月大的孩子竟然已經有了自己的世界。不論是自己的情緒、想法、朋友關係、情緒處理的方式，甚至是理解他人的立場及情緒並加以判斷。這些都是不容他人侵犯的內心世界，我雖然對此感到有點不可思議，但因為這也是我的親身經歷，所以十分確信。

當然孩子仍需要我為他包尿布，也無法自己換衣服，但一歲九個月的小孩，在精神層面上卻已是十足的成人了。事實上，這是從嬰兒時期就存在的事實，而我卻直到現在兒子教我後才明白。

原來如此。「這種事，媽媽不該干涉」，我也曾在童年時期有過這樣的心情。

裕太已經是大人了！這麼想的同時，媽媽自身也再次建立起成人心了吧！明明是媽媽自己內心裡，被那個想責備朋友的乘客騷擾不已，卻強行將這種情緒加到裕太身上。媽媽察覺到這樣的心情後，想起孩子也有父母不該介入的世界，因而得以在親子間畫出一條情緒的界線。

藉由劃分情緒的界線，反而更能加深彼此緊密的親屬關係。

夫妻爭吵時也要以成人心去面對

接下來是一對夫妻因為成功劃出彼此的界線而改善關係的經驗談。

女兒出生後，照理說再也沒有比此刻更幸福的時光了，但我們夫妻倆卻成天吵個不停……一開始只是為了些雞毛蒜皮的事，最近卻越吵越兇。有好幾次甚至覺得兩人的婚姻已走到了盡頭。其實只要有一方肯稍微讓步，就不會變成這樣，偏偏我們彼此都不給對方轉圜的餘地，誰也不願讓步，終於演變到難以收拾的地步。

前陣子同樣的情況再度上演。

星期天傍晚，他說想要去工作……在我最忙的時候，而且我也希望至少週末假日，他也要幫忙孩子洗個澡，這麼一想我不由得怒氣沖天……要是以往，我一定會跟他大吵大鬧，最後的結果不是他心不甘情不願地待在家裡，就是他不顧我的反對去公

司上班，而我則在家中哭泣不已。因而彼此都在心裡留下疙瘩，以致埋下日後爭吵的導火線。不過這一次不同，我試圖告訴他：

「討厭！不要去啦！……我的心靈巴士裡有個乘客這麼抗議喲！」

「司機雖然說：『去也沒關係！』可是巴士好像快被乘客給劫持了。」

先把：「因為心裡有一個乘客這麼說……」然後對丈夫撒嬌：「不要去！這樣實在太過分了！」當情緒得到發洩後，我就能夠理性地告訴自己：「既然這件事對他而言是那麼的重要，就讓他去吧！」這麼一想，我就能平心靜氣。

然後，平時都只抱著女兒疼愛的他，這一次也緊緊地擁抱了我。

哇——！真是甜蜜！

原來如此，也有這種「吵架」的方法啊！

而且不可思議的是，後來女兒的心情也轉變了。因為那陣子我老是哭哭啼啼的，女兒也很黏人，很少獨自玩耍。不過當天晚上，她直到睡前，都一副很開心的樣子，光是看著她就讓人覺得很幸福。

在生下女兒之前，我們夫妻本來都能夠有這種互動的，但卻因為帶孩子而失去了這份空閒，以致我的成人心也完全萎縮了。

父母的成人心若能夠充分茁壯，孩子的心情也能安定下來。

沒錯！這就是重點！

媽媽的父母也有「童心」

可是，我沒有自信能像這樣建立起成人心，並適度拉出情緒的界線？

你有沒有看過大約二十年前，一部美國製作的電視影集《勝利大決戰》*？

那麼久以前的節目我不知道啦！

那是一部敘述遠比地球人強大先進、外型類似蜥蜴的外星人侵略地球的恐怖影集。被追殺潰散的反抗軍小隊，因為沒有適當人選，所以便推派一個年輕的女學生來作為反抗軍的領導人。其中讓我深受感動的一段對話是，當被迫推選為領導人的女學生煩惱地說：

*註：原名《V》。最早是在1983年於NBC首播的美國科幻電視迷你影集。描述一群外星異形來到地球尋求幫助，但只有極少數的地球人知道他們來的真正目的——到地球來掠奪星際資源，由此便展開了地球人反擊外星異形的戰爭。

「我完全沒有勝任領導人的自信。」

一個老太太建議她：「那就作出有自信的樣子！」

這也是你想給我的建議嗎？

是的！所謂成人心，就是自我情緒的領航者！

還未脫離青春期的童稚就直接步入結婚禮堂的夫妻實在不勝枚舉，所以一定得相互體諒對方，抱著「希望有一天我們都能成為成熟的大人！」的心情共同成長。

八個月大的小茜（Akane），即使睡在身旁的媽媽只是翻個身也會令她驚醒哭泣，而且她在睡著時也經常會用手來確認媽媽在不在身邊。將於四月返回職場的小茜媽媽，於二月底時寄了一封郵件給我。

看著女兒時往往會勾起我許多被遺忘（或許是壓抑著不去想起）的往事。我雖然在信上寫著女兒平時不太哭鬧的資料，但其實她剛出生那段期間經常哭鬧個不停，有時甚至會令我感到手足無措。我產後的身體狀況很差，可能是太不舒服了，總覺得她的哭聲像是在責備我。更雪上加霜的是，就連媽媽也說：「我會盯著妳，看妳是不是

能好好照顧孩子。要是孫子稍微有個閃失，我在他們（夫家）面前可抬不起頭來。」因此只要半夜女兒一哭，媽媽就會立刻從她的房間飛奔而至。

小學四年級時，爸爸的父母開始和我們住在一起，和公婆朝夕相處使得媽媽的壓力很大，因而常和爸爸吵架，能摔的東西都被她摔破了。或許因為從小耳濡目染，我也常有想把所有東西一口氣全砸個稀巴爛的衝動。也許我是想告訴丈夫說自己「實在很痛苦！」所以才對他亂發脾氣的吧！

不過，昨晚我告訴了丈夫自己發脾氣的原因，並且拜託他：

①為了補充我們的愛情養分，就算不說話也沒關係，只希望他能夠時常給我緊緊地擁抱。

②要是我太衝動，脫口說要離婚，也不要信以為真，這種時刻是因為我更渴望你的擁抱。

因為得到丈夫的理解，我的心情也稍微輕鬆了。我終於了解：不需鬧彆扭，能夠好好說明清楚，並得到對方的諒解時有多麼輕鬆。

丈夫今天早上不只親了小茜，同時也吻了我，「上班前的親親——」。雖然心想：幹嘛把我當小孩看！但坦白說我心裡還是很高興的。

因為她住得很遠，所以我寄了幾封信件鼓勵她，不過這位媽媽也真實地面對想讓成人心成長的自己，幾個月後，她甚至自信地說出：「我現在總算有了人生是由自己作主的心境了。」不但和小茜及丈夫間的關係變得更親密，也修復了與自己父母的關係。

以前由於我未能在自己與女兒之間清楚畫出界線，而把自己與小茜重疊了，因此使我看不清真正的小茜。我覺得以前那過份的自己，完全被內心的小孩所主宰。然而取得了主導權的內在小孩，一旦要自己駕駛心靈巴士又感到怯懦、害怕。要是內在小孩也能安心地坐在巴士上該有多好！

我的心靈巴士到目前為止都處於瘋狂飆車的狀態，可是我的人生今後才真正要開始展開。我期盼能藉助更多其他人的力量，來掌控自己的速度前進。

為自己和對方釐清界線以及一定要能接納自己這些說法，我認為真的很有道理，因而也就鬆了一口氣。我了解媽媽並沒有錯，不需怪罪自己的媽媽也讓我感到很安心。只不過，長期以來一直習於譴責自己的這個壞毛病卻還未能完全糾正過來。

在我接納自己媽媽表現愛的方式的那天起，小茜竟然不再夜哭了。

有一天媽媽來家裡玩，雖然她又說了教人生氣的話，但是我一想到那是媽媽的內……在小孩在說話，便能一笑置之了。

在我們長大成人後，經常會殘留著「當時真希望父母能為自己做些什麼」的遺憾。**或是相反的，「真後悔當時沒能為父母做些什麼」，因為未盡孝道而感到遺憾。**

沒錯。

可是，就算向媽媽抱怨：「媽媽那時好像總是很忙，所以我沒辦法撒嬌，真的很孤單！」

她多半也只能回答：

「都這把年紀了，現在你這麼說又能怎樣呢？」

又或是「還不是為了你才那麼拼命工作的！」

然而，當媽媽因為夫妻或婆媳關係而苦惱時，年幼的女兒應該是無能為力的。

只要不要忘記，任何人包括媽媽都有內在小孩這件事，那就算是一種孝順的行為了。

所以，只要對父母親表達「我愛你們！」以及「謝謝你們！」，以自己及家族的幸福為目標努力活下去，這就是孝道了！

正是如此！

雖然媽媽陪我一起遊玩的童年記憶極為薄弱，但我記得母親用舌頭幫我把掉進了眼睛裡的異物舔出來；也記得當我為了便秘大哭時，母親用手指頭幫我把便便取出，以減輕我的疼痛。我也想起三歲時經常腹痛，面對哭泣不已的我，媽媽溫柔地撫慰我說：「痛痛走開！走得遠遠的！」媽媽真的為我做了很多。如果現在的我和童年一樣，我應該會想要回報媽媽，當媽媽痛苦的時候，去幫助她……。我清楚記得這樣的心情一直持續到小學時期為止。可是，當時我並沒有回報母親。

高中時期，當我極為痛苦時都是朋友在幫助我，反觀父母親卻全盤否定我的痛苦。我還記得那使我非常傷心、痛苦，連眼淚都流不出。從那個時候起，我開始怨恨起父母親。

可是現在回想起來，我明瞭父母並非如我所想像的。他們光是支持我便已筋疲力竭了，就和現在的我一樣。何況當時這件事也已經因為友人的支持而能夠平復了，因此我也開始能轉變想法，告訴自己「算了！沒關係！」

「算了！沒關係！」是領悟的第一步。

喜歡媽媽的心情明明應該是滿滿的一百分，可是當懷抱著兩三個無法被滿足的回憶時，卻會被這兩三個不滿的回憶，掩蓋掉這一百分的喜歡心情。

所以只要看清這兩三個不滿的回憶，就能立即讓自己喜愛媽媽的心情重現姿影。

我對小茜說：「這是媽媽自己的問題，只要給我一點時間，就能恢復精神。」然後又試著以這樣的心情處理我和媽媽的情況。

「雖然媽媽覺得不幸福，但這並不是我造成的。問題還是得由媽媽去設法解決，我能做的，最多也只是在一旁守護著媽媽而已。」

這是當時年幼的我怎麼也辦不到的。

今天我終於明白，我很愛我媽媽，無論何時她總是幫著我。雖說是母親與孩子，但我仍然充滿感謝之情，所以小時候的我才會強烈地盼望能夠助媽媽一臂之力。

可是小時候的我不論再怎麼強烈地盼望也無法如願，所以覺得自己很糟。又因為要求自己非得努力不可，而感到非常痛苦。我想那就是我超級愛哭的原因、就算身心俱疲也還要硬撐著的理由。以前我還會否定自己，但這都是因為太喜歡媽媽了，所以也是沒辦法的事（笑）。

趁著這次難得的機會，我也想給自己緊緊的擁抱，也想要逐漸變成「喜歡自己」

的人。我終於可以接納自己並非一無是處。雖然還得花上許多時間，但我希望能一面完全地接納媽媽，一面準備迎接能夠說出「喜歡自己」的日子來臨。

原本我一直對於「小茜真的喜歡我嗎？」抱著懷疑的態度。可是，就如同年幼時我也想幫助媽媽一樣，我現在覺得小茜也是喜歡我的。對於曾經這樣懷疑小茜，我感到有些悲哀，因為這就好像我跟好朋友大聲哭喊：「不要否定我」一樣。不過，最近小茜經常笑咪咪的，對於她的笑容我由衷地感到開心。

父母的人生也有他們的生存模式，從孩子的立場來看，正因為那是無可奈何的，所以或許反而更該謙虛地對父母的人生表示感佩，這是很重要的態度不是

嗎？

要向父母表示感佩這件事，因為我仍被許多情緒拉扯所以還辦不到。可是，我由衷地敬佩父母能以個人的力量迎向無可奈何的命運，並在人生的旅程中始終奮鬥不懈。

當你要向父母低頭致敬時，內心一定會有許多不同的想法湧現，此時只要靜下心來傾聽內心的聲音，在你都能接納這些聲音後，再去致敬就好。

建議你可以這麼做：以成人心耐心傾聽自己那些在童年時沒被妥善處理的心情，或是透過療傷團體來相互傾聽也可以。

喜歡？還是討厭自己？

有個一年級的女孩在學校寫了「你最喜歡的人是誰？」的問題後，回到家向媽媽報告：

「媽媽對不起！我沒寫妳的名字。」

「唉呀！是嗎？」媽媽說。

「我寫了自己的名字。因為，我最喜歡的還是自己。不過，第二喜歡的人，我寫了媽媽喔！」

媽媽說她聽了這句話後打從心裡感到非常的高興（注2）。

的確，我們也想教養出能夠自我肯定的孩子。而且，也期盼身為父母的你能發自內心肯定自己「這樣的我就很好」。

父母肯定自己。

←父母肯定孩子。

←孩子肯定自己。

←孩子肯定他人（也包含為人父母後的孩子）。

如果能像這樣循序漸進達到自我肯定當然是最理想，不過也有許多狀況會讓事情無法這麼順利。常有的情況是，一開始父母親就無法肯定接納原原本本的自己，導致無法肯定、接納原原本本的孩子就好」，結果連孩子也無法肯定、接納自己，以致形成惡性循環。

此時，覺察的時候就是療癒的時機。請提醒自己停止怪罪父母，從自己開始切斷這個惡性循環吧！

即使父母從未給予充分的肯定，導致孩童時的自己沒有自信而無法喜歡自己，但現在已長大成人、為人父母了，對於無可取代的自己，應該能以成人心溫柔以對才是。

作母親的一旦否定自我，也有可能發生以下的情況。對於較年幼的女兒疼愛得不得了，卻因為較大的女兒和自己太過相似，看著她就猶如是從鏡子裡映照出討厭的自己般，所以面對大女兒時不由得會感到厭惡，以致動不動就焦躁不安。

這種時候，身為母親的就必須先提升對自己的肯定與認同，即使不可能立即做到，至少要先劃分一條情緒的界限——

「我知道自己因為女兒和自己神似的部分而情緒浮動，但女兒做她自己就很棒。」

或是，「雖然心裡忍不住想著『我討厭我自己！』但那不過是我內在情緒的表現罷

了。」

只要能清楚畫出這樣的情緒界線就可以了。

「我喜歡我自己」和「我討厭我自己」這兩種情緒是可能同時並存的。實際上，兩種情緒並存的情況較為尋常。

另外，不僅有人「想要喜歡自己卻做不到」，甚至更有人抱著「我不能喜歡自己」的心情。因為他們覺得，做了那麼多差勁的事的自己，是不值得喜歡的。

受種種矛盾情緒所羈絆的正是我們自己。此時，重要的是千萬不要被任何單一的情緒，支配了全部的自我。

現在請想像我們被人問到：「喜歡自己的人舉手！」時的場景。

嗯，我的手只舉到一半。

用另一手推一下舉起的手肘，試著引導「好啦！舉起來嘛！」

我已經使出很大的力量了，可是抗拒把手舉高的力量更強大。

這麼說來，「你討厭你自己？」

不，這麼一問的話，我畢竟還是不會舉手說：「是的，我討厭自己。」

那麼，「想成為喜歡自己的人？」

這次我可以毫不猶豫的舉手說：「是——」

真是太好了。

能察覺到「想成為喜歡自己的人」的心情時，事實上就已經走到「喜歡自己」這條路的中途了。

那麼，能不能就從現在開始來培育我們的成人心，懷著善意、完完全全地接納「喜歡自己」、「討厭自己」及

「想變得喜歡自己」的所有心情？

首先，只要無條件地說完「最喜歡你了！」然後傾聽內心「才不是最喜歡呢！是最討厭才對！」的異議，並撫慰自己的內心就可以了。

只要耐心聆聽那個否定自我的心情，就會聽到因某種緣故，才使得肯定自己的情緒搖身變成了以否定的姿態出現的緣由，但是首先只要先接納這個否定情緒的存在就可以了。

「雖然我也討厭自己很多地方，但是也有很多很多喜歡的地方，所以整體來說我可是無條件地喜歡我自己。」

我們可以說，這是肯定中帶著否定，是無條件的最大肯定。

這種茁壯的成人心所具備的最大肯定，能夠適用在許多地方。

譬如說這個如何？

「我的人生雖然有許多極為痛苦的事情，但也有許多小小的幸福，整體而言，我還是很幸福的。」

我也想到了！

「老公雖然有許多惹人嫌的缺點，但也有許多令人喜愛的地方，整體而言我還是無條件地喜歡他。」

〈注〉

1.《「超」育兒——不破壞潛能的育兒法》（暫譯）（*CHILD REARING* by Daniel Grenberg）。

2.《愛孩子的方法》（暫譯）（*Wonderful Ways to Love a Child* by Judy Ford）。

第四章◎父母很大，孩子很小

無法完全成熟的我們

姑且先不管「四歲就是成人」的這個論點。只要過了二十歲就是成人，這一點應該誰都不會提出反對意見吧？但是在現實生活中，你不覺得很多人即使當了父母，也未必是百分百成熟的大人嗎？有些人或許還有未脫青稚之處，也或許還對童年時的遺憾耿耿於懷……。

之所以有遺憾，也許是童年時曾嚐到的孤單還未被療癒、也許是想讓母親幸福卻做不到、也許是成長過程中碰上了未能立刻解決的問題，這些說來就像被殘留在心靈中未完成的功課。

這並非因為我們在成為大人的過程中不夠努力，現代生活型態和過去幾乎截然不同也是原因之一，所以沒有必要心虛，反倒是可以昂首挺胸地說：「正是如此！所以我才很難成為成熟的大人。」

不過，不是自己造成的錯誤，並不表示可以維持現狀。正因為歸罪於環境的問題也無濟於事，所以更應當加倍努力，設法回復原本的自我。

感覺上，從前的人比我們能更早建立起成人心而成為真正的大人。譬如說，幕府末期的坂本龍馬賭上性命脫藩時才二十六歲，而他在夢想中的明治維新實現前被暗殺時也才三十二歲。

龍馬被暗殺時，西鄉隆盛三十九歲、大久保利通三十七歲、伊藤博文二十六歲、板垣退助三十歲、山縣有朋二十九歲、大隈重信二十八歲……這些活躍於明治維新時期，推動了日本歷史的志士當時幾乎全數是二十歲、三十歲的青年。

你舉的都是男性的例子，一點也無法打動我。

那麼，我們來看看女性的例子好了。

明治初期的樋口一葉在持續發表了〈比肩〉、〈濁江〉等名作後去世，得年只有二十四歲。津田梅子年僅八歲就到美國留學，回國後就創立津田塾大學的前身——女子英學塾，其時她才三十五歲。因寫下發刊詞——「創世之初，女性就是太陽」而聞名的平塚雷鳥，在創辦女性解放運動雜誌《青鞜》時是二十五歲。与謝野晶子出版熱情澎湃的詩集《亂髮》時也才二十二歲……。

好！我懂了！

這些有名的女性並非是才能特別傑出或格外早熟。我認為，平凡人也可以盡平凡人的力量，及早建立自我的成人心以生存下去。

如果要以明治時期出生的人為例，能介紹的實例實在非常有限。不過曾經在NHK電視台「聆聽我的人生（聞いてください私の人生）」聽寫義工活動節目*中介紹過的辻榮太太，令我印象特別深刻。辻榮太太出生於一九一〇年，當時九十一歲。

辻榮太太原本有九個孩子，但在幾年當中三個女兒相繼去世。其中令她感到最痛苦的回憶，是十三年前看著四女兒光子嚥下最後一口氣的時候。

光子在兩個孩子正值成長期時，被診斷出罹患肝癌末期。當時，辻榮太太從秋田趕到光子的住處神奈川縣長期照料她。

辻榮太太過去也曾照顧因癌症病故的丈夫。辻榮太太認為，當時丈夫不知自己罹患癌症，所以未給家人留下隻字片語就遽然病逝，想來丈夫一定有很深的遺憾。因此，雖然家人和醫師都對光子隱瞞病情，但她仍對深受病魔折磨的光子據實以告她罹患癌症一事。

「有什麼想交待的話，趁著意識還清楚時……」

「女兒說：『我就要死了，真的很不甘心』，我聽了也只有淚如雨下。」

「在臨死之人的面前，說什麼『有什麼要交待的話』，一般人即使心裡這麼想也很難說出口，但我還是說了。」

不久，光子小姐的病情惡化到，不論辻榮太太跟她說什麼，都沒有回應，眼睛也始終沒再睜開，可是，當辻榮太太為她唱起童謠或歌曲時，卻感覺到光子會回握她的手。

照顧光子四個月後，疲憊不堪的辻榮太太不得不返回秋田，回去前，她在床邊以母親的身分，跟光子說了最後一句話。

「想離開這個世界時，請選擇自己喜歡的時間，開開心心地離開吧！我這就先跟妳道別了。」

第二天，光子就去世了。

擔任辻榮太太的聽寫義工的渡部紀代子太太，在節目中展示了光子在畢業後即將離開父母身邊時所剪下的辮子。辻榮太太並且在自己的遺書中這麼寫著：

*註：日本的聽寫義工主要是傾聽高齡或身障的人來講述他們自己的故事，並寫成文章發表。有別於台灣的「聽打義工」。

「我死後請把這段辮子跟我葬在一起。」

辻榮太太讓我深刻體會到：這才是過去時代裡成熟的大人！

我並不是說，患了不治之症就非得告訴當事人不可。是否該將罹患癌症的事告訴當事人，應當由他的家人依照其自身的情況來判斷。辻榮太太基於丈夫的經驗，所以想要明確地將之告訴女兒。但是這種事由骨肉至親來開口，實在很不容易。

對自己而言雖是十分痛苦、難以啓齒的事，但為了孩子仍非說不可，所以我認為，能夠不諱言向子女說出真相，這才是真正的大人。

回想自己的經驗，當我帶孩子去打預防針時，一想到如果事先告訴孩子，孩子一定會大哭，所以便什麼都沒說就直接帶他去打針。到了要打針時，也只能這樣哄孩子——

「不會痛的！」

「不能哭喔！」

辻榮太太說完令人酸楚悽然的回憶後表示。

「長壽這回事，難免會碰上白髮人送黑髮人的景況。如果可能，我願意代替兒女承受死亡，但對此，我卻無能為力。我深刻地感受到，所謂無常的生命轉折，是躲也躲不過的。不管面對任何煎熬我們也都只能接納。」

「人總是會有無法隨心所欲的時候。況且人生沒有永遠的順遂，我認為能夠跨越挫折是很重要的事。」

辻榮太太說這話時，臉上看不出哀悽悲慟的情感，反而有一種克服了無可規避的命運而堅韌生存的凜然。

撒嬌互動的樂趣

一旦媽媽的成人心建立後，在面對孩子的鬧脾氣時，就能夠游刃有餘。

這是前陣子從某個媽媽那裡聽來的。有一天，兩歲的孩子一到刷牙時間，一如往常地，又開始任性耍賴著：

「小翼不要刷牙！」

這時候，媽媽總是會一面哄著他：「媽媽知道小翼不想刷牙，不過還是要刷喔！」然後一面推著心不甘情不願的小翼到洗臉台前。這樣的互動已經成為常態。

身為哥哥的小翼雖然也想要努力，但也想不要努力而輕易放棄。媽媽要能同理無法掙脫其中糾葛的孩子，並給予必要的協助，如此才能安撫孩子抗拒的心情。因為我覺得若是媽媽能助他跨越糾葛的情緒，那將會是個極佳的互動經驗。

但是這一天，媽媽又有了更深刻的感受。

這是因為，媽媽剛參加過療癒團體，體驗了在被溫暖守護中，任性發脾氣的經驗（再一次回到內心小孩好好體驗），心情很柔軟的媽媽，感受到了任性胡鬧的孩子的可愛之處。

當孩子說：「小翼不要刷牙！」媽媽也以同樣的節奏回應：「小翼刷牙吧！」

兒子：「小翼不要刷牙！」

媽媽：「小翼，好可愛！」

兒子：「小翼不要刷牙！」

彼此你來我往的互動了幾次後，兒子開始跺腳鬧脾氣，媽媽順勢抓著兒子的腳，讓他的動作和著說話的節拍，十分有韻律地動了起來。

不久，孩子的臉上忍不住露出笑容，甚至咯咯咯地笑了起來，媽媽也忍俊不住笑了起來，沒想到最後竟變成了非常愉快的遊戲。

媽媽因為過於感動，當「遊戲」結束時，連要孩子刷牙這回事都忘了，反而是孩子喊著「刷牙嘍！」並主動跑到洗臉台。

媽媽和小翼都沒刻意想要這麼玩，那純粹是自然而然衍生的富創造力、愉快的良好互動。

藉由這樣的互動，媽媽的成人心也豐潤了起來。

只要跟孩子因刷牙而有衝突那天，若我感到心情有點過不去，我就會在心中對身為媽媽的自己說：

「妳覺得很煩吧？不過這也沒辦法，就算很煩也沒關係，天底下沒有人是十全十美的。」

「現在無法對孩子溫柔也是無可奈何的。沒關係的，真的不用在意。」

這個聲音是「身為人母」的聲音，和對孩子說「小翼來刷牙」、「小翼真可愛」是相同的聲音。

媽媽是很強的

以前的人管教小孩比較嚴格，這麼說或許未必百分百符合事實，但若是問起，現在是

「輕易順從孩子的父母」，和「讓小孩徹底聽話的父母」哪一方比較多的話，絕對是前者的父母佔大多數。

不同時代有不同的社會背景，但是負有教育子女重責的畢竟是父母，所以這不是誰聽從誰的問題，理想的狀況是「父母掌握身為父母的主導權的同時，也尊重孩子的人格，並且用心讓彼此處於平等狀態」。

然而，在互動當中即使無法保持適當的平衡，一直處於弱勢狀況下的媽媽稍稍強勢一點也沒關係。

你是說可以更嚴厲一點嗎？

我並不是說父母胡亂地對孩子嘮叨也沒關係喔！我是說藉由親密的肌膚接觸來掌握孩子的狀態即可。正如小翼的媽媽所做的事也是一樣的，必要時以肢體接觸來引導是最重要的，這麼一來，就沒必要不斷嘮叨孩子了。

在我的演講會上，有個母親分享了她和五歲孩子間的互動經驗。

……………

因為和現在談的主題相關，所以我想分享今天上午來這裡之前，和五歲兒子的互動經驗，或許可供各位作為參考。

我家的孩子常會說：「我討厭媽媽！」以前一聽他這麼說，我都會信以為真而感到非常沮喪。最近好不容易轉個念頭想：「明明喜歡媽媽，他卻故意說反話」，所以我可以輕鬆地回答說：「可是媽媽很喜歡你喲！」

即使這麼說，孩子還是有點鬧彆扭，想要摟抱他，他就會用力掙扎著推開我說：「好痛！」聽他這麼一說我也不禁退縮了。

不過今天當發生同樣狀況時，我心想可不能在這時候認輸，非得讓孩子看看媽媽也有強勢的一面，所以用上了職業摔角的技巧。說是技巧，其實也沒什麼大不了的，只是運用身體的力量把孩子壓倒而已。結果孩子大喊著「好痛」而哭了起來。我想應該不致於到會痛的程度，但還是順勢抱起孩子安撫了他。若是以往，他一定會掙扎著不讓我抱，……但今天我抱了他很久卻一點都沒掙扎，反而黏著我要我抱他，真的讓我很開心。

即使對於表面上的言語能夠不當一回事，但當對方的身體抗拒時，難免還是會在意，可是這位母親卻跨越了這個障礙。

因為聽起來似乎滿有趣的，所以在演講會時，我將所有人分為兩人一組，練習輪流把對方壓倒在地上。壓倒人的和被人壓倒的都很快樂，因而渡過了一段非常愉快的時間。

壓倒人的和被人壓倒的都很快樂……。好！今晚我就來試試看！

該往哪個方向走呢？教養的岔路

在親職講習工作坊中，我們有一項稱作「岔路練習」的活動，方法是把坐墊一一排列，

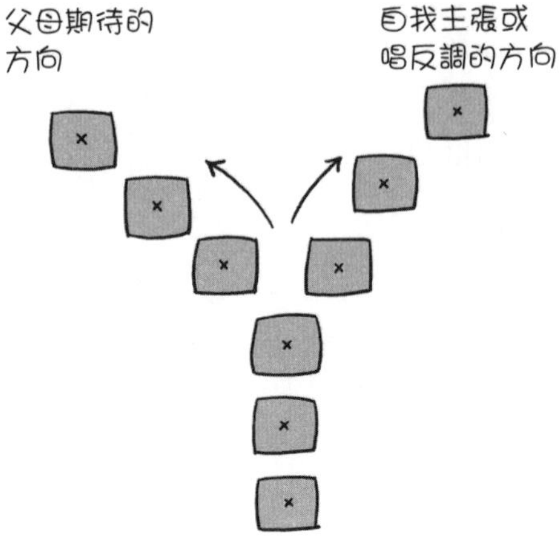

如上圖般作出岔路的樣子。

即使是年幼的孩子，也有希望自己像哥哥、姊姊般的出色舉止，以及希望自己能符合父母期待的上進心與獨立心，然而實際上，當孩子接受了父母的誘導或鼓勵而想要有所行動時，就需要有一些可以跨越的糾葛與進步。

因為青春期時的狀況相當不同，因此我們所設定的是還在任性鬧脾氣的幼兒期。讓參加的父母以扮演父母或孩子的角色，來體驗看看當孩子站在這條岔路上時，對於接受父母的誘導或鼓勵時會有什麼感受。

父母站在自己期望的其中一條岔路上，開口指引孩子「往這邊走！」或是當孩子快走到岔路前，伸手拉孩子加以引導。表面上看來似乎非常簡單，但在實際體驗時，常會發現意想不到的心情。

接下來要介紹的是，前來諮商的鷲尾真琴小姐的體驗。

直到目前為止，每當要進行鬧脾氣練習時，我總是擔憂「會給別人添麻煩！不可以！」或是感到「不安、害怕」，所以即使明知是在練習，也無法心情愉快地享受任性撒嬌的體驗。

不過，三年前左右，我總算能夠面對媽媽（因為媽媽已經過世了，所以只是想像中的身影），並且向「沒有守護著我的媽媽」傾吐了心中的積怨，這麼一來，一直綑綁著自己的束縛也鬆開了許多。

能夠令我愉悅地感受任性撒嬌的開端就是「岔路的體驗」。

第一次扮演孩子的角色時，我遇見了意想不到的自我，光只是聽到扮演母親的人叫我的名字時，我的心情便激動得喜極而泣。「童年的我」不住的渴求著「再叫我的名字！再多叫我幾次！」於是我便充分地沈醉在溫柔的呼喚中，因為只是被叫喚著名字也能感受到包含在其中的「我愛妳，我的心肝寶貝。妳的一切我都喜歡」的關愛。

即使如此，當聽到「過來這邊！」的瞬間，我卻把坐墊踢翻！雖然我並沒有一絲想使壞的心情，而是基於「因為媽媽很愛我，所以我很安心，做什麼都可以」的心情，所以可以盡情地依賴撒嬌。

然後，當我跟扮演媽媽的人手牽手一起走時，光只是這麼做就令我開心到了極

點，快樂地蹦蹦跳跳。從牽著的手感受到滿滿的愛，藉由此，我真實地體會到，「原來愛是能夠這樣傳遞的」。

然後，當我聽到「我們往這邊走吧！」的那一刻，我雖鬧著彆扭說：「不要！走另一邊！」但我想，這也是因為有著「充分被愛的自信」，所以才能夠這樣撒嬌，所以我真的是發自內心的感到開心。

我想，對於年幼的孩子而言，越是能夠感受到最愛的媽媽對自己的關懷，就越能安心地撒嬌。他們可以很坦率地傾吐「討厭」、「無聊死了」、「我不想做」、「我會怕」、「我很寂寞」等心情。

我也切實體會到，這時媽媽只需要傾聽，並給予「我了解！」「原來如此！」等回應就夠了。當孩子撒嬌鬧彆扭時，媽媽不需要感到困擾，也不必責備自己。因為孩子只是真實地將心情傳遞給媽

媽，希望媽媽能夠聆聽自己的心聲而已。

之後，扮演母親角色的人撫著我的手說：「媽媽希望妳能這麼做」、「不要那樣做好嗎」，這麼加以勸導我時，我突然因為感到「還好沒有一直唱反調而變成壞小孩」而鬆了一口氣。

但是，「內心的小孩」似乎仍有著些許陰霾，當中欠缺了被叫喚名字及牽著手時的感動。「為什麼？究竟為什麼？」我詢問幼年的自己。

「難道妳希望被罵？」

「……」

雖然沒回答，但年幼的我似乎點了點頭。

「怎麼會？誰都討厭被罵吧？」

「不要做會被罵的事！」

成年的我這麼說。

然而，在我心中卻確實有著「或許真的希望被罵」的心情。

八個兄弟姊妹當中排行最小的我，別說受寵愛了，因為父母過於忙碌，根本無暇照顧我，甚至連罵我的時間都沒有。或許我一直都在心中吶喊著：「就算罵我也好，至少看我一眼、多關懷我一點！」

養育孩子們的各位，若是能有這樣的體驗，相信你一定更能以輕鬆的心情和孩子相處，而且童年時未曾得到滿足的，也能夠藉此得以彌足。

不要輕易對孩子伸出援手

和朋友一起玩或親子一同嬉戲雖然很好，但給孩子獨處、專注於遊戲時間也很重要。

當然，當孩子尋求協助時給予他回應，對孩子所說的、所做的也要有所應對，同時，當孩子對於自己完成的事情希望獲得讚美時也絕不吝惜，孩子希望得到撫慰時也要絕對給予回應。

可是，有位美國的教育家瑪格・葛柏（Magda Gerber）說：「在某些情況下，不要對孩子伸出援手反而比較好。」葛柏太太透過錄影帶（注1）觀察了許多嬰兒的行為模式。

小嬰兒想要爬上高台卻未能如願而發出不滿的聲音，當人們不禁想幫他一把時，葛柏太太卻只表示認同地說：「你想爬上去喔！可是有點高所以爬不上去！」小嬰兒似乎也透過此實際體驗到自己能力仍有不足，而接納這樣的結果轉而去別的地方玩。

不可以幫助他爬上去嗎？

並不是不可以，但多數時候，我們總是等不及看到孩子會怎麼設法努力就輕易出手幫忙。

不過，我想當你的成人心建立時，一定可以自己找出不同的應對方式。

下個場景，則是對於想把積木從深杯子裡拿出來的小孩，大人們只是跟他說話，而沒立

即動手幫忙。稍後小孩在奮戰不懈後取出積木的滿足神情，簡直難以用筆墨來形容。

有個孩子則是因爬到桌子下面而鑽不出來。葛柏太太看了看桌下的孩子後，對孩子說：

「我來幫你好嗎？」

但小孩看起來似乎一副「你只要在旁邊看著就好了」的表情，所以即使孩子哭了，她也只是在一旁看著。葛柏太太說，邊吵鬧著邊靠自己力量爬出來的孩子，絕對會露出一臉得意的神情。

錄影帶中也有小孩會露出要你幫忙的樣子，但這種情況下也絕對不要直接幫他脫困，只要給予小孩能夠用自己的力量脫困所需的最少協助就好，最後當他們哭著完成後再抱起他加以撫慰即可。

仔細觀察孩子的狀態，只在必要的時候給予必要的協助，這麼一來，孩子就能夠充分體會「自己能做得到」的滿足感。

這和蒙特梭利教育的「幫助我讓我自己做到」的想法也有共通點。

像這樣充分享受玩耍的樂趣，孩子就能夠體會「現在在這裡完全可以發揮自我」，這就是人生中最為充實的一刻。

〈注〉

1.「On Their Own With Our Help」，RIY.

第五章◎育兒，符合現實最好

哺育母乳是理想還是現實？

多年前，報紙上曾刊登一則文章。

希望用母乳哺餵孩子——。即使如此，卻因周遭人的一句「妳不是奶水不足嗎？餵牛奶不就好了。」而倍感挫折的人很多。

這篇支持哺育母乳的文宣在報紙刊登後，反而有許多關於想哺餵母乳卻未能如願、飽受「母乳神話」困擾的信件，如雪片般飛來報社。

「簡直像被指責沒哺餵母乳就等於放棄了母性。」

「看了這篇文章後令自己感到沒資格為人母。」

「別再報導母乳相關的話題了。」

這真是顧此失彼啊！

究竟該怎麼辦才好呢？

當然，沒哺餵母乳就是放棄母性、沒資格為人母等言論，未免過於偏激。在報紙文宣中其實清楚介紹了——

「無法哺餵母乳的人也不需要感到挫折。最重要的是，好好抱著孩子跟他說話，建立基礎的信賴關係。就算奶水不足，藉由溫暖的擁抱也善盡了育兒之責。」

「所謂育兒是撫育子女，讓兒女身心健康，絕對不應該只是母親的自我滿足而已。母子雙方都能夠開開心心露出笑臉才是最重要的。」

「母乳也好，母乳牛奶混合也好、配方牛奶也罷，對孩子來說，媽媽全心的愛才是最重要的養分。」我認為事實的確是如此。

但若因此而武斷地說：「母乳和配方奶都相同！」而導致哺餵母乳的普及和推廣停滯不前，這就矯枉過正了。

正是這種時候我才更想告訴大家：「理想的育兒標準未必符合現況」、「重要的是貼近現實的育兒」。

若是條件許可，哺餵母乳再自然不過，那麼現在就先預設「哺餵母乳是理想的育兒」方式吧！只是，有時總是有無法照理想去做的情況，所以想哺餵母乳卻無法如願的人，請好好建立起成人心，並極有自信地說：

「哺餵母乳？嗯，真好，我也很羨慕。可是，對我而言，以配方奶哺餵孩子才是最佳的育兒方式。」

「不過，我餵奶的時候，總是專心一意地抱著孩子，以慈愛的眼神凝視著孩子，重視彼此的心意相通唷！」

嗯。只要把哺餵母乳當成「理想」就好，不需要過於執著。

不需要把自己弄到身心俱疲還非執著於哺餵母乳不可。實在沒必要因為無法哺餵母乳而感到挫折並全盤否定自己。

當然，當心中有「其實真的想哺餵母乳」或是「被說沒有當母親的資格而感到很受傷」的內在情緒產生時，就必須以成人心來給自己加油打氣。

雖然在此我只以哺餵母乳為例來說明。但是究竟是要選擇理想？抑或遷就現實？類似的情況總是困擾著養育子女的父母。

譬如說，雖然企盼能在大自然的環境中養育子女，但身在都會中連想親近清澈的河川、泥土、花草樹木等都難以如願。

就算希望給子女健康安全的食物，但食品加工物及基因改造食品、狂牛症等問題卻層出不窮。或是即使想親自下廚，卻因為忙碌而使機會變少了。

期盼自己永遠像太陽般開朗地面對孩子，卻總對孩子感到焦躁，而使得親子互動總是不愉快……。

這類的例子多得不計其數，無法依照理想中的方式教養孩子的狀況太多了。有的情況是假使整體社會環境沒有變得更適合居住，便根本無法解決；有的情況則是父母親被成長過程中所背負的痛苦情緒所束縛而無計可施。

讓心愛的孩子幸福地成長是為人父母的心願，希望能符合自己的理想來教育孩子也是人之常情。但是若考量到我們只能在從社會到家庭，從一個世代到另一世代的糾葛中養育孩子，那麼想要百分百實踐理想的教養方式，原本就是不可能的，所以與其追求不可能實現的完美目標，不如心中常牢記：「分辨清楚什麼是理想？什麼是現實？考量現實條件後，在不過分強求的情況下，盡可能實踐接近理想、符合現實條件的育兒方式才是最重要的。」

雖然我們應當集合眾人力量，致力於改善現實環境中的種種條件，但這並非一朝一夕就能成功的。在我們這個時代，每個人都為了能夠過更好的生活而不斷努力，那些尚未達成心願的，就交棒子給下一代吧！

只要能夠有這樣的心理建設，不管是被何種現實條件所拘束，應當都能享受育兒之樂，想要好好享受現實中最佳的育兒方式，你也可以試著先從育兒的自責和後悔的心態中解放。

這麼一說我的確鬆了口氣。因為我總是試圖想要以理想的方式來養育我的寶貝孩子啊！

「對不起」還是「謝謝你」？

回顧過去的育兒歷程，多半父母都會感到挫敗、後悔、自責……。這是為人父母全心全意期待孩子能夠獲得幸福而有的反省。

不過，那也是因為至今心中還有著「若是可能，想要這麼做、那麼做」的遺憾。

然而事實是，大部分情況下的自己也已竭盡所能地不斷努力了，所以反省就適可而止吧。

有一次演講時，有位媽媽說：「我總是不知不覺會對孩子宣洩我的煩躁。」

當時有人分享自身的經驗：「萬一我發脾氣後，我不是向孩子道歉說『對不起』，而改說『發了脾氣後心情舒暢多了，謝謝你！』我發現如此一來，孩子的情況會很穩定。」

原來如此，在發了脾氣後對孩子說「謝謝」，孩子會怎麼看待這件事呢？

我想孩子或許會接納「原來因為生氣或挨罵，不是件壞事」。

嗯——父母忍不住遷怒小孩時，也不必過度自責。事後向孩子道謝，孩子就會了解：並非因為自己是壞小孩而使父母生氣，這純粹是父母情緒上的問題。

演講時聽到這段分享後，我立即請所有人分成兩人一組。一個扮演生氣的角色說：「都是因為你不聽話！我不管你了！」之後就先練習說「對不起」，接著再練習表達「謝謝你」。讓大家體會父母及孩子，對於這兩種表達在感受上的差異。

只要好好建立了自己的成人心，就不致於會動不動就表現出對孩子的煩躁之情。這就是最理想的情況，讓我們盡力摸索出屬於你跟孩子最符合現實的最佳互動方式吧。

專心育兒還是工作？

希望能在孩子三歲前，不工作、專心帶孩子的母親似乎不少。我並不主張哪個比較好，而是認為作母親的人只要覺得「我想這麼做」，就照著自己的意願去做，那就是最理想的狀態。如果認為「外出工作對我們母子而言是現實狀況下的最佳選擇」，那就照母親的想法去上班也無妨。

近來讓孩子讀三年幼稚園漸漸成為主流，有位母親就在煩惱著，與孩子同齡的朋友都上幼稚園了，她雖然想多陪在孩子身邊，卻也擔心著「上三年幼稚園會不會比較好？」「朋友都不在，孩子會不會覺得很孤單？」

但是孩子告訴她：「我還不想跟媽媽分開！」「我四歲才要去幼稚園！」而且身邊的人都支持她「有什麼關係？既然希望留在孩子身邊，情況也允許，那就這麼做啊。」「對孩子來說，平凡到近乎要膩的日常生活才是最幸福的。」

這位媽媽因此有了「我們家維持這種生活型態就好了」的自信。

另一位媽媽則做了不同的選擇。

先生回到家的時間總是在晚上十點、十一點，所以每天從一大早到深夜她都只和兒子兩人獨處，一整天下來大概有一半的時間都不知道該和兒子玩什麼才好，再加上媽媽的體力也帶不來一個才六個月大的寶寶與精力旺盛的兒子小隆，迫使得她不但背骨酸痛，過敏也變嚴重了。

因為我自己的狀況不佳，使得我抱著兒子時，只要他在我身上蹦蹦跳跳，或是磨來蹭去，都使我逐漸窮於應付。有一次我想背兒子時，卻被他猛踹了一腳，而他正好踢中我背部最疼痛的地方，於是我的焦躁驟然升到最高點，不禁大叫「痛死了」同時反手重重地打了兒子的腳。

同樣的狀況，持續了三天，我討厭動不動就發火的自己，明明不想打孩子卻還是出手了。一想到兒子會受到多麼大的打擊，心情就感到更加沈重。

要是能讓我在生產後也繼續獨立地工作就好了。但是，在帶孩子告一段落，打算再重新開始工作時，卻無法順利找到客戶，面對這樣的狀況，我開始懷疑自己之前所做的努力，這似乎是令我感到焦躁的原因。

結果，這位媽媽向丈夫傾訴了自己的苦惱，幾經商量後，決定託娘家照顧孩子，自己則重返職場開始工作。

我當然也跟孩子說明：「每天都要分開，可能會有點寂寞，但是現在這種狀況，我沒辦法好好對待你，所以媽媽才決定去工作。雖然我知道這樣令你感到寂寞，但現在只有這個方法了。請你幫忙媽媽，為媽媽加油！」

如果對孩子說話時能注入你的真誠，即使是六個月大的嬰兒，也能明瞭你的心意的。孩子或許會哭鬧：「我討厭和媽媽分開去托兒所！」但是如果百分百接受孩子的心聲而打消工作的念頭，並維持原本的生活，如此一來，孩子反而太可憐了，而且以後孩子也會變得難以向父母傾吐心聲。

這個時候，只要將孩子的「想哭著撒嬌說：『我討厭和媽媽分開去托兒所！』」這些心情正確地解讀出來說給孩子聽：「好！不用擔心，你可以說『討厭！』撒嬌的。沒問題的！」若能溫柔接納孩子，孩子也能輕易地撒嬌。

只要想著嬰兒也期待有人能夠聆聽他的心聲，並願意努力就好，對吧！

在要上班的日子中，當我把孩子託給媽媽或妹妹時，一定會先跟孩子說：「媽媽要上班，你要乖乖的喔！」星期六時則會跟孩子說：「今天工作結束後就放假了，到時候媽媽就會好好地聽你說。」

星期六結束工作回家後，我會告訴孩子：「媽媽可以放假了，今天和明天都不用當乖小孩也沒關係喔！」然後摟抱著孩子，整天與孩子跑鬧、黏在一起玩。

如此一來，孩子就能夠確實分辨「當乖小孩的日子」和「不用當乖小孩也沒關係的日子」，這樣的小孩就已經是個十足的乖小孩了。

有個媽媽因為參加了我主持的「幸福育兒」課程，因而和孩子互動良好甚至能夠彼此心意相通。

可是，在那之前，她很擔心寶寶有忍耐著不哭的現象。或許是媽媽情緒不穩定的那段期間，完全失去了願意疼惜孩子的心情，使得母子都處在不愉快的氣氛中，因而孩子也壓抑著不撒嬌哭泣吧！

我發現當我開始心浮氣躁，直到重新工作後的第一次休假日那段時間，兒子都不曾真正哭泣過。這樣的狀況令我有點擔心。然而，休假那天和兒子一起午睡，兒子睡著睡著突然「嗚~嗚」的哭著流淚。因為我是抱著兒子睡覺的，所以立刻就安撫兒子告訴他「沒關係」，兒子的情緒也馬上穩定了下來，可是沒過多久他又開始「嗚~哇」地哭了，淚珠滾滾而下。仔細看，他卻是睡著的，而且醒來後又不哭了。因為孩子現在只在睡著時才哭，所以我才察覺到了兒子在忍耐。

我對睡著的孩子說：「今天媽媽放假，所以你想哭就哭沒關係哦。」反覆說了好幾次後，不知什麼時候兒子醒過來了。

「小隆一直在忍耐對吧？盡量哭出來沒關係！」這麼一說，孩子就發出「哇~」的聲音，但卻沒怎麼哭。

「今天不用忍耐也可以，哭出來吧。」「哇~」這種只發出乾嚎的情況又反覆了幾次，當我試著引導孩子哭泣時，突然發現兒子會將拳頭握緊靠近嘴巴，好像強忍著

不哭的模樣，所以每次當兒子一將手靠近嘴巴時，我就會握住他的手說：

「你看，又在忍耐了是嗎？」

「不需要忍耐，想哭就盡情地哭沒關係。」

我一再地勸導孩子。

持續了一會兒，我漸漸將本來緊抱在胸前的兒子，抱到客廳的沙發上，抱著他，同時握著他的小手。

「媽媽總是愛生氣，所以小隆才會忍耐過度、想哭也哭不出來是嗎？」

「因為媽媽好像一直很忙，所以小隆才不知道可不可以哭對吧？」

「媽媽每天都在工作，小隆就算覺得很寂寞卻說不出來，對吧！」

當我這樣跟孩子說完後，他終於放聲大哭。

哭了好久好久一段時間，甚至哭著掙扎，並放肆地大哭著。

真是久違了的「抱抱」。當我深深感到兒子十分可愛的同時，也為自己的任性，使得這麼小的孩子忍耐寂寞到這種程度，而哭紅了雙眼。

就這樣，孩子再度學會了如何對媽媽撒嬌哭泣，即使白天得和媽媽分開，卻反而比以前和母親有了更親密的關係。

目前我只有下午才上班，和非工作不可的雙薪家庭不同，我去工作完全是因為自己的任性。但是我認為這是我和兒子保持良好關係的最佳方法。我不需要對孩子說：「為了小隆，媽媽才這麼努力」，反而因為覺得「謝謝小隆！為了媽媽這麼努力」而由衷地感謝孩子。我認為這或許就是最適合我的親子相處模式。

因為我了解這是自己的任性，所以對媽媽、妹妹和丈夫的諒解也懷著更多感謝。

從工作的那一天開始，我對孩子的態度也大大改變了。一想到兒子雖然寂寞卻還是為我努力忍耐，即使孩子纏著我胡鬧，我也不再像以前那樣愛生氣了。雖然相處的時間變少，但抱著孩子的時間卻明顯增加了。倒不如說，是現在的我反而想黏著兒子。

「不，這並非任性。就像妳說的：『我認為這或許是最適合我的親子相處模式』，對現階段的妳而言，這就是符合現實的最佳育兒模式。不過，既然因為覺得是出於自己的任性，所以對孩子、對支持自己的所有人都能夠抱著感謝之情，那就請妳挺起胸膛、光明正大地正視自己的任性好了。」我對她這麼建議。

據說她的孩子現在簡直就像個鄉下的孩子王，可愛得不得了。

育兒不需照書養

我到目前為止，已經出版了許多有關幸福育兒的書籍，很多人表示，多虧我的這些書，才使得自己彷彿撥雲見日，教養子女因而變得輕鬆許多。但是也有不少媽媽表示，雖然同意這些想法，卻無法依照這些方法來教養子女，因而感到十分苦惱。以下的媽媽就是其中之一。

我讀了阿部老師的書後覺得非常棒，可是腦子裡雖想著：

「不照著做不行！」

「一定得這麼做！」

但實際上自己卻怎麼也無法制止眼前這個搗蛋、哭個沒完的孩子。

「真差勁！我又亂發脾氣了。」

「我並不想當這樣的母親。」

結果我只是陷入自我嫌惡的泥沼，而且在這種狀況下停滯不前，結果每天只能重複相同的模式。

仔細想想，我認為阿部老師的書就是和孩子共處的「理想」模式，不但書的內容豐富，還有許多新的面對孩子的方法，而且竟全都是自己所不曾用過的方法。

「嗯～這種時候，該怎麼說才好呢？」當我跟孩子相處有困擾時，不管翻閱書本多少次，卻怎麼也找不著自己適用的方式，於是在閱讀一半後就放棄了。

真的很抱歉。我也希望自己的理念，可以盡可能符合每一位讀者的需求，並讓它實際可行，所以才會寫下這本書……。

不過，這位媽媽卻在參加了我們的「幸福育兒」課程時，發現了「只著眼於追逐理想育兒的自己」。

我感到自己深深地被「應該那麼做！非做不行！」這種想法牢牢綑綁，而將自己設限在狹小的框架中，一旦發現自己做不到，失敗、挫折感、緊張、無力感等便接踵而來，最後便爆發開來，就此收場。因此，我的生活就只是一再地重複著「這麼做！」「做不到（沒做到）」的循環。

在課程中，我突然意識到這個狀況，於是，轉個念頭，我想，如果我能設定一個想改變的目標試試看，萬一不順利或失敗，也能把它當成「方法或許有待改進」而轉而尋找其他方法去面對就好。

以前（即使此時此刻），我絕不容許女兒失敗。只要女兒吵鬧或大哭，我就會心浮氣躁、火冒三丈。

原來是這樣！原來我從小就被教養成「無理取鬧」、「哭泣（尤其在別人面前）」都是不好的事情。而且在我小時候，總是在對許多事感興趣之前、甚至失敗之前大人就會先說「危險！」「不可以！」而將之阻擋下來。

在這樣的成長背景下，即使你有心試著想要面對孩子的無理取鬧，應該也無從努力對吧！不過，藉著孩子來回顧自我的成長歷程，認真面對內在的自己，也是找出最符合現實的理想育兒的第一步。

我現在終於能夠接受「自己辦不到」了。不過，不是接受自己就算了，只要能安慰自己說「辦不到也沒辦法呀！」就能打從心底湧出相信自己的自信，把眼光放遠來看待事情了。

因為這樣我發現自己跨越了責怪父母「我並不喜歡你們用那種方式教育我」的情緒。幸虧察覺到了這點，使我能抱著「未來一定能找到自己理想」的積極心態。

覺察的自我、想要撫慰自己的自我、不想一直這麼一成不變的自我、今後的自我。雖然現在一切都尚不明朗，但因我已能約略感受到生命的意義因而興奮不已，我相信那個一定可以尋獲解答的自己，因而心中洋溢著積極樂觀之情。

我對於這位媽媽未來的人生著實充滿著期待。

被育兒的潛在「理想」給束縛住

然而也有很多人並未覺察到自己被「我家孩子一定得這麼教養」的「理想」所束縛。比如，有個二歲的小孩，明明從小就非常乖巧，可是最近卻常以頭去撞地板，或是不停用手打頭。

媽媽唯一想得到的可能原因就只有幾個月前對孩子開始進行的資優教育，這樣的媽媽雖太過熱衷，但是如果因此就斷定媽媽育兒的理想是「教育出聰明的孩子」，這倒也未必。

實際上，這個媽媽從小就不曾感受過無條件被愛的經驗而飽嚐孤單寂寞。為了得到母親的關愛，而下定決心成為一個功課好的孩子。

小時候的她，努力卻得不到母親的回應，長大後受到自己對母親的期待所綑綁，而在無意間將這份期待繼續加諸在兒子身上。

其實，以前這位媽媽心中真正的育兒「理想」是——「教養出讓母親開心的孩子」。

覺察自己深受這個魔咒所影響的媽媽，開始修正教養的軌道並獲致了成功。

這類「隱藏的理想」，通常源自於對父母的遺憾與對父母作法的深信不疑，因而使得自己毫無覺察地將之套進對孩子的教養之中。

有位母親對未滿兩歲的孩子任性胡鬧的行為，一直都束手無策。她認為，只要用蠻力就可以處理、制止孩子的不當行為，但當孩子蠻橫地哭鬧不已，怎麼也制止不了時，她頓時就像洩了氣的皮球，全身無力。

「我想成為溫柔、不做讓小孩討厭的事情的母親」但這個理想背後所潛藏的真正原因卻是——想要逃避讓自己憶起被父親家暴而哭泣的母親與年幼的自己的痛苦回憶。

此外，「想要教養出堅強、勇敢、不輕易流淚的孩子」的理想背後，隱藏著的真相卻是「童年時想要有個人可以依靠的心會隱隱作痛，所以不想聽到孩子的哭聲」以上這些是常有的例子。

只要能察覺到這些內心裡真正的遺憾或是深信不疑的信念，不論是對孩子或對父母，應該就能夠轉向朝著幸福生活邁進。

有位二歲小孩的媽媽，藉由在第一章中所介紹的方式，以自問自答來探求內心的真我。她的問題是從「為什麼我會這麼想要教養出聽話的孩子？」開始，因而探究出「想要教養出能讓母親開心的孩子」的真正心情。然後當她再繼續追究下去時，終於發現了「心中充滿愛和平靜」的這個答案，這或許才真正是這位母親內心深處所探求的核心境界。當你實際感受到這才是我真正追求的境界並能夠體會那個境界，媽媽應當就不會再拘泥於要教出能夠討母親歡心的孩子，甚至不會覺得有必要對孩子施行資優教育才是。

我的心中一定也有著「潛藏的理想」。不過，要發現它的藏身處也是不容易的。那麼就請先暫時充當一下捉迷藏遊戲中的鬼，努力去找找看吧！

〈注〉

1.〈支持母乳哺育〉。刊載於二〇〇一年十月十二日的《朝日新聞》。

2.〈困惑的母親〉。刊載於二〇〇一年十月二十六日的《朝日新聞》。

3.森川敬子〈母乳育兒的壓力〉。刊載於二〇〇一年十一月九日的《朝日新聞》。

第六章 成人心的父母心

「親」字的意義

我讀了太宰治的《親這兩個字》這部作品，才知道在江戶時代的川柳[*1]中有以下句子：

親這兩個字
爹親娘親記在心
文盲父親曰

他的作品中有一段模仿落語[*2]的親子對話。

「我的兒啊！不管上哪兒去、做什麼，只有親這兩個字千萬別忘了。」

「爹呀！『親』只有一個字哪！」

不識字的父親說，只有「親」這兩個字千萬別忘了。但兒子因為在寺子屋*3唸書，所以他回答父親：「親只有一個字」。

「親」這個漢字的由來有許多種說法。不過其中並沒有如同研究漢字的專家白川靜大師那樣對語源做出真正的研究。

目前的幾種說法，只有就「親」字的表面字形，提出了不同的見解。

*註1：日本的傳統詩詞之一。

*註2：一種近似單口相聲的日本說話藝術。

*註3：「寺子屋」是日本在江戶時期的初等教育機構，相當於中國古代的私塾。寺子屋原來是十五世紀寺院內的僧侶教育平民百姓的機構，所以稱之為「寺子屋」。日文中「親」字念成「OYA」，有兩個音節，因此不識字的父親以為是兩個字。

【A說】

【B說】

【A說】

親的寫法是，「讓孩子看立著的樹」。

父母應該帶孩子到山上去看樹，讓孩子多想想大自然、祖先的事情。

這是從事森林保育的剪枝名人山本總助說的。

原來如此，人是不可喪失了和大自然的連繫的。

【B說】

親的寫法是，「注視著聳立的樹」。

換句話說，父母應該像高高聳立的樹來接受孩子的仰望。

所以父母應當活力飽滿，不能夠枯萎。

【C說】

【D說】

【C說】

非也。雖然親的寫法是「看著聳立的樹」，不過這裡的樹，指的應該是孩子。

父母應該注視著孩子不斷成長茁壯，就算有時會變得愛子如癡而老在別人面前炫耀自己的孩子也無所謂。

【D說】

非也非也。親的寫法是「從聳立的樹影背後看著孩子」。要是站得太前面就會忍不住伸手或出口幫忙，所以從樹的後面默默地守護著孩子最適當。

【E說】

非也非也非也。「站在樹上看著孩子的身影」，這才是親。

「木」字加「上」……哪有這個字？

不是，你看「木」的「上面」不是有個「立」字嗎？**電視劇的金八老師*曾經這麼對父母說教喔。**

父母在高高的樹上守候離開身邊的孩子，然後，當孩子有危險時再適時伸出援手。

【E說】

這些各種不同的想法真是有趣啊，而我的想法則比較接近E說。但是，我認為與其從高高的樹上守候孩子，不如建立穩固的父母心，以比孩子更遠的眼光、更廣闊的視野，來看顧孩子的將來。

你說的將來，是指考試、就業或結婚之類的嗎？

這些具體的事項雖然也包括在內，不過我指的是更高層次的——生存的意義、真正的幸福……等。

話雖這麼說，但因為將要離巢單飛的是孩子，所以父母應當畫出情緒的界線，以向上天祈請祝福孩子的心情來看待就好。

萬一孩子迷失了方向，因看不見光明的未來而沮喪時，父母不是跟著一起沮喪，而是以開闊的心情，讓孩子相信，雖然現在還看不見未來，但我確信有朝一日必定會有璀璨的人生。

接下來我們來試試看如何用身體來表現「站在樹上看著孩子」的父母心。請先闔上書本，一起來做做看。

首先我們要做的姿勢是——雙手在頭上合掌，慢慢地將手指伸直，然後盡量朝天空伸展，同時，眼睛像注視著孩子的將來般凝視遠處。請試著維持這個動作片刻。

怎麼樣？心情感覺如何？

*註：1979年以來東京電視台TBS所製播的校園教育電視劇，劇名為《3年B班金八先生》。劇中的主要角色為「坂本金八」老師。在每季及特集中均會反應出當時的校園及青少年問題。

另一個動作是——慢慢地單腳站立，舉起來的一腳貼著支撐的另一腳的內側，兩手以祈禱般姿勢在胸前合掌，同時，眼睛如注視孩子未來般凝望遠處。請維持這個動作片刻。

怎麼樣？這一次的心情又有什麼轉變？

嗯——我沒辦法想像那樣遠大的心情。因為我自己也還不清楚活著的意義或幸福的定義……。

沒關係，因為我們現在在談論的是身為父母所期望達成的理想。

不然，想像這樣的畫面也可以——不是和孩子面對面、或默默在孩子背後守護著，而是和孩子各自面對自己的生活方式或幸福，並並肩向前走。

「英國人邊走邊思考；法國人是想清楚後才開始跑；西班牙人是跑完後才開始想」這是一句名言。生存這件事，應該也是邊走邊想才最符合現實狀況吧！

這就類似「四國遍路」的參拜人所說的同行二人*對吧？

親子一起並肩向前行的意思也可以說成是「同行二人」，親子各自想像身邊有如弘法大師或是其他神佛……這些肉眼看不到的偉大存在與自己同行的畫面吧！

*註：四國遍路是以步行方式走遍四國的八十八個與弘法大師（空海）有淵源的寺院。「同行二人」指的是參拜者穿著仿空海法師時期的白色裝束，背著「奉納同行二人」的袋子或竹編簍具。意指此行並不孤單，空海大師與我同在。

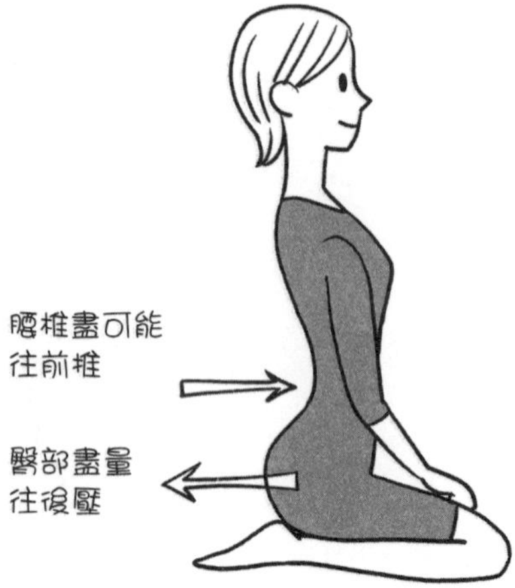

挺直腰桿，培育成人心

接下來我要介紹一個有助於建立成人心的姿勢。若能讓腰椎挺直不輕易垮下來，就容易建立起成人心。

首先，正坐（跪坐）著，或是端坐在椅子上。

把臀部盡量往後推，肚臍則盡可能往前。「腹部往前，臀部往後」讓這兩股相反的力量在身體中心（肚臍下方的丹田）匯聚。

維持這個姿勢，然後試著延展從頭頂直到尾骨尖端處。

這麼一來……你看，是不是感到身體注入一股活力、精神為之一振？

這種讓腰椎挺直的訓練稱為「立腰教育」，有些學校正採用這套方法。

這和戰爭期間日本或納粹的軍隊所強調的「挺胸縮腰」、缺乏主體性的姿勢截然不同。試著做做看並比較之後就會知道，軍隊所採取的姿勢充滿了緊張、僵硬感，要是這時下命令「衝啊！」也很難立即衝鋒陷陣。

接下來，為了讓大家了解這個姿勢確實有助於建立成人心，請試想一個平時最容易攻破你成人心的情緒。

我動不動就會喃喃地責備自己「都是我的錯」。

那麼，要是覺得難為情，不出聲也沒關係，但請注入情緒地向自己念一次。

沒錯沒錯！如此一來自然就無法再維持腰桿挺直的姿勢了吧。當你注入那樣的心情時，身體自然就會採取跟心情相呼應的姿勢。

比方說當我們想抬起下巴說「唉，累死了」，腰部總會自然地鬆垮下來。其實，當我們說「好寂寞」時就不自覺會縮著肩膀，或說「哼」想鬧彆扭時也都是相同的姿勢。

這一次請你確實挺直腰桿坐正，再說一次相同的話試試看。

直挺著腰桿試著說同樣的話，卻怎麼也無法融入情緒，一點魄力都沒有。好怪喔！所以我忍不住笑了出來。

就是說吧。所以你應該可以明白，當你想要責備自己時，其實並不是成人心在說。明明這麼竭盡全力想做到最好的自己並沒有錯，但內心裡就是會有一股「都是我的錯」的情緒。關於這一點，你應該很能理解了。

所以，要是快被這個責備自我的乘客給佔據了你的心時，首先要好好挺直你的腰桿，並嘗試著把乘客想說的話複誦一遍，等成人心回復後，再放鬆姿勢，一邊好好地體會當時的心情，一邊同理它。

我才不想建立成人心

不過呢——

的確，好好的挺直腰桿，建立成人心後，就不會輕易被自我否定、心煩氣躁、坐立不安……等情緒給左右，但是若不好好傾聽這些情緒，而勉強將腰桿挺直是會很痛苦的。

請試試看，請別人從背後用手來幫你支撐著，讓你更容易建立起成人心（腰骨）。

哇！變輕鬆了！一點都不用費力就能挺直腰桿，似乎也能輕易建立成人心了。

可是，過了一會兒後，總覺得想撥開這隻支撐自己的手，忍不住想抱怨：「不要硬逼我建立成人心啦」

沒錯吧！

不想挺直腰桿的心情，也必定有它存在的理由，所以必須接納它的存在。

從背後支撐的人也要抱持著同理心，對當事人說：「的確，你可以不必有任何顧慮地大聲說：『我不想建立成人心』，我一定會聽你說的」。

只要對方能夠接納你想要任性依賴的心情，當心情舒坦後，自然就能確實挺直腰桿。

真的耶！

所以，不可以光只進行挺直腰桿的修練（意志），卻無視於不想挺直腰桿的情緒。想建立和不想建立成人心兩者的情緒都必須同樣被重視。

失敗了不要自責，只要重新來過就好

當我們走在路上時（或說在人生旅程中駕駛心靈巴士時），到處都充滿著會使成人心陷落的坑洞。坑洞四周的道路很滑，所以很容易不小心就跌進去。

該怎麼辦才好呢？

下定決心不要跌到洞裡去。

嗯——就算下定決心，也無法保證一定不會掉進去。

因為不是很顯眼的洞穴，所以非常容易就掉進去。而且就算小心翼翼，身體也會不自覺地接近洞穴。更何況，洞穴周圍很滑，一不小心就會掉進去。

所以，不如抱著「反正總會掉進去」的愉快心情，逐步朝向下個階段邁進即可。

①一開始就算掉進洞裡也沒發現，過了一會兒後才總算發現。
②一掉到洞裡後就立刻發現「糟了」。
③等注意到「啊！會掉下去！」時已經來不及而掉進洞裡。
④在快掉進洞前發現，好不容易才停住腳步。
⑤能夠避開洞穴，繼續前進。

有沒有發現這和某種過程很相似？

咦？是什麼？

訓練小孩子不使用尿布，能夠自己上廁所的過程。

啊，沒錯！

不管大人或小孩，要捨棄已經熟悉的模式，習慣未曾經驗過的行為，都不是件輕而易舉的事。失敗或嘗試錯誤都是在所難免，所以沒有必要自責（容易掉落自責陷阱的人，動不動就會自責。）

一注意到對孩子心浮氣躁時，就要立即開朗的道歉：「啊！我又來了！哈哈哈！」

當發現流於自責時，不妨一笑置之：「哎呀！我又在自怨自艾了！」

簡單說就是一旦覺察，便要能立即停止責備自己，並乾脆地轉換心情。一旦因為掉落洞穴中而被否定自己的心情給擾亂（等於同時也掉進了自我否定的洞穴），很容易就會變得自暴自棄，而無法從洞穴中爬出來。

唉！這是我習以為常的模式。

小學三年級的麻理，她的媽媽平時很留心孩子的情緒，是位很溫柔的母親。只不過媽媽在成長過程中心中常會懷有激烈的憤怒情緒，常會在不知不覺間遷怒麻理。媽媽真正的心情是「不被父母了解的寂寞」，當那份難過的心情激烈地滿溢而出時，就會以憤怒的形式爆發出來。

這個媽媽也討厭這樣的自己，也想要改變，卻因為突如其來的怒氣，而怎麼也控制不住自己。當怒氣平息後又會陷入自我厭惡的情緒而感到十分沮喪，甚至無法重新振作起來。

直到她覺察自己內在有個三歲左右的內在小孩後，她的怒氣才得以平息。一開始她很厭惡那個「童年的自己」，怎麼也無法撫慰那樣的自己。但是後來她透過了其他療癒團體，在其中體驗了種種練習後，漸漸地就能夠肯定那樣的自己的存在了。

即使如此，媽媽還是經常會忍不住發脾氣，所以她平日便拜託麻理：「請和媽媽心裡的小孩做好朋友」。因此當母親再度發脾氣時，麻理因為了解是「媽媽內在的小孩在生氣」，所以就能將媽媽發怒的心和自己的心保持距離。

有一天，麻理突然靠近媽媽身邊，輕撫媽媽的肚子，這是麻理第一次這麼做，媽媽也正因而覺察到自己的情緒正處於憤怒中。幸好焦躁的情緒因為麻理得到了安慰，所以媽媽能夠不亂發脾氣並重新安頓好成人心。

從那時開始，媽媽發脾氣的時間間隔就變長了。

孩子也是禪宗公案*

在禪宗裡，禪師會提出「公案」來考僧眾。僧眾不會輕易放棄這些當下無法回答的問題，在日夜思索後，常會在不經意中打破常識的窠臼，頓悟佛教的道理。「公案」可以說是出給修行者的習題。

心理學家河合隼雄建議，因為孩子的事情而感到困惑時，不妨把這件事當作禪宗的公案來思考。

欺負年幼的孩子、堅持不跟媽媽而要跟爸爸一起睡、推倒其他孩子……這是今天來諮商的媽媽所提出的煩惱。因為都是喜愛爸媽、貼心、聰明、堅強的孩子，所以若是知道自己讓父母如此擔憂應該不會感到開心。

*註：公案是中國佛教禪宗常用的名詞，原指官府判決是非的案例，後為禪宗借用。以古代禪師開悟的故事、非邏輯的言行，作為參禪時思惟的內容。這類的故事或言行便稱為公案。

然而，這些孩子卻做出令父母煩惱的行為，在這些行為中應該有著深刻的含意。為了了解其中的意義，父母要用上頭腦、身體和心靈，試著和孩子一起哭泣、煩惱、思考，去面對自己內心不想碰觸的情緒來探詢答案，這樣一來，終能恍然大悟到「啊！原來是這麼回事！」

但是，也有無論怎麼揣測也得不到答案的時候，所以需要時間來等待事物的時機成熟。

以下介紹參加過助產士福田良子R＆Y母乳諮詢室的「療癒擁抱」課程後，在家也能順利哺育母乳的教養經驗談。當事人表示：「宛如觸及了抱法的精髓般，有了不可思議的美好體驗。」

這位媽媽四歲的兒子在幼稚園和朋友們爭吵。母子倆日復一日身心俱疲地持續生活了一星期，在總算順利將事情解決了的某天晚上，兒子突然要求抱抱，並且撒嬌著說：「我要像之前在ㄋㄟㄋㄟ大大的老師那邊一樣的哭哭」。

兒子指的是幾個月前，弟弟出生後，曾有位胸部豐滿的老師耐心聽他訴說自己的寂寞。兒子很擅長表達自己的想法，所以流著淚講了自己在幼稚園被欺負的事，當話題漸漸回溯到更久的以前，而我也附和著兒子的話時，他突然說：

「在媽媽肚子裡時，好想好想見媽媽，但卻沒辦法見到媽媽，所以好寂寞喔。」

媽媽一開始以為兒子是指她在懷著弟弟的那段時間。因為包括生產，媽媽總共住院了三次。可是兒子卻堅持說：「不是，是我在媽媽肚子裡的時候！」

繼續聽孩子講下去後，孩子又說：「我好氣自己沒在預定的生日那天出生哦！」

兒子的出生確實比預產期晚了兩天。

然後兒子又說：「我想早一點當哥哥。」

因為小兒子現在一歲五個月大了，所以她對兒子說：「你已經是哥哥了呀！」

「不是這樣的。我想更早一點學會走路、一個人吃飯、以及自己穿衣服。」

兒子十個月大開始學走路、一歲生日時學會用湯匙及叉子吃飯，和同年齡的孩子比起來已經算快了。

因為兒子說這些都是他在媽媽的肚子裡時所想的事情，媽媽便問他剛出生時的事，想不到兒子竟也講得很詳細。然後兒子又說，終於能從肚子裡出來看到媽媽的臉，他真的很開心。這讓媽媽聽了驚訝不已。

兒子說完這些話之後，便心滿意足地沈沈睡著了。

當天晚上媽媽心想：「為什麼會那麼想跟我早一點碰面呢？為什麼會想要快一點長大呢？」

想著想著，昔日情景不禁浮現在她眼前。

當時的她在人際關係上受到極大的挫折，父母不在身邊，先生也因為工作而每天早出晚歸，自己又缺少知心好友，所以當時可說是非常的孤單寂寞，並且對人懷有極大的不信任感。她甚至想過，在這世界上根本沒人真心在乎自己。

「是因為如此嗎？是因為兒子想要幫助我，想告訴我『媽媽需要我』，所以才希望能更早出生？」

想到這一點時，對媽媽來說，就像長久以來令她困擾不已的拼圖眼看著就要完成般，截至目前所有無法理解的謎團影像都逐漸清晰了起來。

媽媽因為兒子對自己洋溢的親情濡濕了淚水，有種被療癒了的感覺。

當時她突然明瞭了所謂幸福育兒的真義。

「不是母親療癒孩子，而是聆聽孩子心中傷痕之際，母親原本癒合的傷口會再次隱隱作痛，但是也因為孩子對母親懷抱的愛而使傷口真正痊癒了。因為母親的傷口痊癒了，使得孩子也得到了療癒。」

幾個月前因為在胸部豐滿的老師那裡的體驗，兒子發現不管任何想法，媽媽都會聽自己傾訴，因而對媽媽抱有信賴感。媽媽也基於那時的體驗，習慣了療癒的擁抱方式，所以當孩子說：「想要像那個時候那樣」時，媽媽也能有充分的準備，來回應孩子的要求。

但是，實際上孩子開始能將內心最深層的想法傳達給媽媽，是在「療癒擁抱」剛開始的幾個月。在那段期間，兒子在幼稚園和朋友產生糾紛，媽媽也在精神上陷入絕境的狀況下，和幼稚園的老師及其他的父母反覆協商，而終於圓滿順利地解決了。像上述的體驗也是在那段期間中所獲得的。

當時痛苦的人際關係，正是兒子在媽媽體內時擔心媽媽的最初體驗，當現實生活中出現了媽媽需要跨越那樣的障礙的時機時，孩子就會想要傳達給媽媽「時機已然成熟」這樣重要的心情。

關於人生，就像我喜歡的作家Ｍ・安迪（Michael Ende）的名作《說不完的故事》[*1]中

登場的祥龍福哥兒[*2]所說的——

希望的道路並非筆直一路暢通
蜿蜒曲折的才是你的道路
經由此路才是正途

這和河合醫師說：「一定要神閒氣定不焦急，才能解開公案」，完全是相同的道理。困惑的時候、痛苦的時候，即使只是一分一秒，誰都希望能早一點、一口氣變得輕鬆、能夠安心、早一刻知道答案，但是焦急是無法開悟重要道理的，所以必須冷靜沈著，一步一步來，在獲得解答之前持續不放棄，有此覺悟的話，問題就解決一半了。

有時候我們難免會想：「得不到解開問題的喜悅也無所謂，這麼難解的公案我放棄。」

但是，孩子的公案，是老天賜予我們、為了讓親子各自的生命力閃閃發光的公案。

人生的煩惱都是公案的試煉吧。

對於究竟會展開怎樣的幸福懷抱期待；痛苦的時候也盡情沈浸於痛苦的氣氛中，然後以拼圖時遇到瓶頸仍愉快地解謎的心情，「在痛苦中享受」並繼續下去吧。

必要時我會支持大家的。

*註1：《THE NEVER ENDING STORY》。電影《大魔域》即根據此書改編

*註2：中文版中這句話是葉耀拉媽媽說的。

結語——如何培育父母心

家庭中的育兒和成人世界的生活之間，總有著切不斷的連繫。

這一點在閱讀柴門文的漫畫《家族的餐桌第二集》（小學館出版）時，讓人感受特別深刻。

小學一年級的拓也，其父親在公司表現平平。父親在二年期間連假日也去加班才完成的企畫案，竟然因為不景氣而化為泡影。

父親因為藉酒澆愁而變得更晚回家。回到家時，拓也還沒睡。平時很聽話也很認真的拓也，突然在爸爸面前惡作劇。在公司已經一肚子氣的父親不禁大發雷霆：

「連你這小子也把我當笨蛋耍嗎？」

其實，拓也是為了要完成「畫出爸爸的笑臉」這個

習題，才會這麼做的。這二年來，腦子裡只有工作的父親，在家難得露出笑容，因此拓也怎麼也想不起爸爸的笑臉，以致無法完成學校的作業。

或許拓也也希望藉著作業來博取父親一笑。

父親整天愁容滿面，母親也很難心情愉悅。年幼的孩子，通常難以向父親直接反應，他們更直接感受到的，是母親為父親煩悶不已的情緒。

孩子往往因為過於擔心媽媽而不聽話、躁動，結果就是做出被母親責罵的行為。

不光是這樣，看著母親無精打采、鬱鬱寡歡的樣子，他們會寧可母親精力十足地責罵自己。這是孩子在潛意識中思考的運作結果，所以孩子會特意做出挨罵的事情一點也不稀奇。

至於成人的生活，別說是在一世紀前了，即使跟半世紀前相比，變化也相當激烈。雪上加霜的是，教養子

女也變得更加困難。

在不知所措的激變瞬間，我們的生活意識追趕不及，教養子女的父母很容易陷入兩難，尤其當母親陷入孤立無援的狀態時，很容易就會失去自信。

因此，這本書的焦點與其說是在指導父母如何教養子女，不如說是「如何建立教養子女的父母心」。

這本書的內容雖然是以母親為主，但我並無意將教養子女的責任全部強行加諸於母親身上。

我只期望這本書能幫助媽媽建立起自我的主體性。就讓我們共同攜手，一同愉快地享受教養子女的幸福吧！

二〇〇五年十二月二十二日　阿部秀雄

________先生（小姐）

前進幸福育兒村的大型巴士

駕駛執照

年　　　月　　　日

國家圖書館出版品預行編目資料

孩子是媽媽最初的老師／阿部秀雄作 ; 卓惠娟譯.-- 初版. -- 新北市：世茂, 2011.07
面； 公分. --（婦幼館 ； 125）

ISBN 978-986-6097-08-9（平裝）

1. 親職教育 2. 親子關係

528.5 100006362

婦幼館 125

孩子是媽媽最初的老師

作　　者／阿部秀雄
譯　　者／卓惠娟
主　　編／簡玉芬
責任編輯／楊玉鳳
出 版 者／世茂出版有限公司
負 責 人／簡泰雄
地　　址／（231）新北市新店區民生路 19 號 5 樓
電　　話／（02）2218-3277
傳　　真／（02）2218-3239（訂書專線）、（02）2218-7539
劃撥帳號／ 19911841
戶　　名／世茂出版有限公司　單次郵購總金額未滿 500 元（含），請加 50 元掛號費
酷 書 網／ www.coolbooks.com.tw
排版製版／辰皓國際出版製作有限公司
彩色印刷／祥新印製企業有限公司
內文印刷／長紅印製企業有限公司
初版一刷／ 2011 年 7 月

I S B N ／ 978-986-6097-08-9
定　　價／ 240 元